"어린이 토론학교"

어린이 토론학교 생명윤리

초판 1쇄 펴낸날 2016년 2월 25일
초판 7쇄 펴낸날 2024년 5월 21일

글 소이언 주정현
그림 백두리
펴낸이 홍지연

편집 고영완 전희선 조어진 이수진 김신애
디자인 이정화 박태연 박해연 정든해
마케팅 강점원 최은 신종연 김가영 김동휘
경영지원 정상희 여주현

펴낸곳 ㈜우리학교
출판등록 제313-2009-26호(2009년 1월 5일)
제조국 대한민국
주소 04029 서울시 마포구 동교로12안길 8
전화 02-6012-6094
팩스 02-6012-6092
홈페이지 www.woorischool.co.kr
이메일 woorischool@naver.com

ⓒ소이언 주정현, 2016
ISBN 979-11-87050-19-3 74470
ISBN 979-11-87050-01-8 74080(세트)

• 책값은 뒤표지에 적혀 있습니다.
• 잘못된 책은 구입한 곳에서 바꾸어 드립니다.
• 본문에 포함된 사진 및 통계, 인용문 등은 가능한 한 저작권과 출처 확인 과정을 거쳤습니다.
  그 외 저작권에 관한 문의 사항은 ㈜우리학교로 연락 주시기 바랍니다.
• KC마크는 이 제품이 공통안전기준에 적합하였음을 의미합니다.

"어린이" 토론학교

생명윤리

틀려도 괜찮아, 네 생각을 말해 봐

글 소이언 주정현
그림 백두리

우리학교

어린이 토론학교에

어린이 여러분, 반갑습니다.

준비물은 잘 챙겨 오셨나요?
연필과 메모지에다 시계까지 챙겨 온 친구들도 있군요.
그런데 가장 중요한 것이 빠져 있네요.
바로 '여러분의 입장'입니다.

토론은 세상에 질문을 던지는 일입니다.
무엇이 옳고 그른지 질문을 던지고 질문이 타당한지 따져 가는 과정입니다.
어디선가 들었던 말, 막연하게 알고 있던 생각만으로는 어렵습니다.
문제집에 나와 있는 정답과 해설을 외우는 것도 별 도움이 되지 않습니다.

내 생각이 맞을까 틀릴까 걱정하지 마세요.
다른 사람이 어떻게 생각하나 눈치 보지 마세요.

오신 것을 환영합니다

여기『어린이 토론학교』의 안내를 따라 찬성과 반대의 숲을 통과한 다음
스스로의 힘으로 생각을 해 보고 나만의 입장을 찾아봅시다.

내 입장이 정해지면 다른 사람의 입장도 이해할 수 있습니다.
자기 생각이 없을 때 우리는 무조건 방어하고 공격하게 됩니다.
논리적으로 내 입장을 세울 수 있게 되면
다른 사람의 생각에도 진심으로 공감할 수 있습니다.

이제『어린이 토론학교』에서
내 힘으로 생각하는 법,
내 목소리로 말하는 법을 배워 봅시다.
정답을 찾는 공부가 아니라
질문을 던지는 공부를 시작해 봅시다.

틀려도 괜찮습니다.
여러분의 생각을 당당하게 말해 보세요.

이 책은 이렇게 구성되어 있어요

2. 찬성과 반대

; 나란히 제시된 찬성 글과 반대 글이
 생각의 균형을 키워 줘요

논제에 대해 찬성 글과 반대 글이 나란히 제시되었어요.
어정쩡한 절충이나 타협은 없습니다.
단호한 "그래!"와 "아니야!"만 있을 뿐이지요.
차례로 읽어 나가다 보면 여러분 머릿속에
생각의 불씨가 지펴질 거예요.

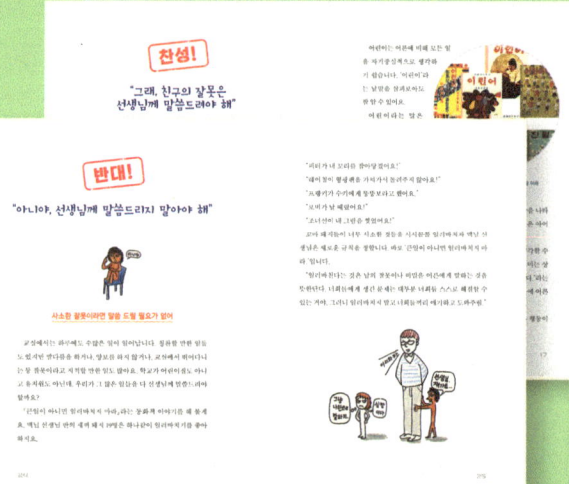

1. 생각열기

; 재미있는 이야기로
 토론의 실마리가 잡혀요

생활 속에서 일어난 이야기를 통해
토론의 실마리를 제시했어요.
재미있는 그림을 보면서 이야기를 읽고 난 뒤
물음에 간단히 답해 보세요.

찬성 글과 반대 글을 읽을 때에는
"왜?"라는 질문을 던지면서 글을 읽어 보세요.
예를 들어 논제가 "시험을 보아야 할까?"라면
먼저 "왜 시험을 보아야 하지?"라고 질문을 던진 다음,
"시험을 보면 수준을 알 수 있다고? 왜?"
"시험이 실력을 향상시켜 준다고? 왜?" 하고
계속 질문을 던지며 어떻게 답이 나와 있는지 찾아보세요.

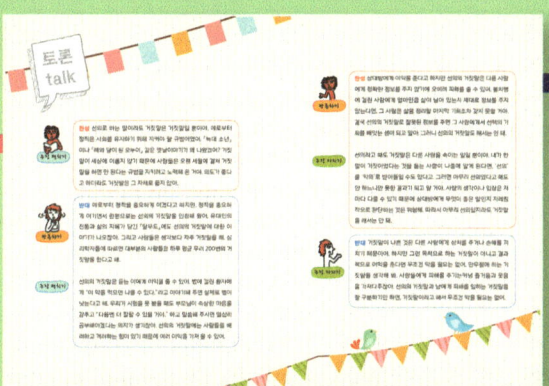

3. 토론톡
; 실제로 토론하는 모습을 보면서
  주장하고 반박하는 방법을 배울 수 있어요

찬성과 반대 입장으로 나뉘어 토론하는 모습이
나와 있어요.
"찬성 주장 → 반대 반박 → 반대 주장 → 찬성 반박"
의 순서로 두 사람이 주장과 반박을 반복하고 있어요.
자기 주장은 어떻게 펼쳤는지
상대편 주장에 어떻게 반박을 하고 있는지
살펴보세요.

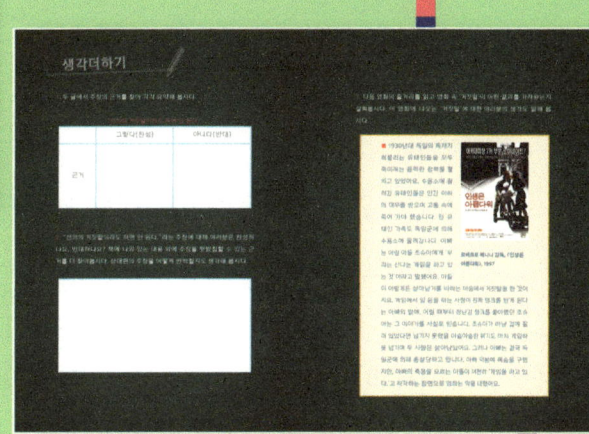

4. 생각더하기
; 자신의 입장을 세우면서
  생각을 넓혀 갈 수 있어요

글에 나타난 근거를 정리한 뒤
자신의 입장을 세워 보는 활동이 반복됩니다.
글에 나와 있지 않은 근거를 더 찾아보면서
자신의 주장을 더 탄탄하게 만들어 보세요.
마지막에 제시된 재미있고 다양한 활동은
여러분의 생각을 더욱 넓혀 줄 거예요.

♣ 교과서와 함께 봐요 *교과 연계표는 135쪽에 이어집니다.

과목	학년	단원명
국어	5-1	5. 글쓴이의 주장
국어	5-1	6. 토의하여 해결해요
국어	5-2	3. 의견을 조정하며 토의해요
국어	5-2	6. 타당성을 생각하며 토론해요

"어린이와 함께 이 책을 읽는 학부모, 선생님께"

왜 우리 아이들은 공부에 흥미가 없을까요? 어른들이 던진 질문에 답을 찾는 공부만을 하고 있기 때문은 아닐까요? 어른들이 낸 문제의 답을 찾는 공부를 하게 되면 자신이 찾은 답이 어른들의 기대에 맞을까 걱정하고 정답을 빨리 알아내려고만 하게 됩니다. 높은 점수나 어른들의 칭찬이 이러한 공부의 대가로 주어지겠지요. 칭찬이나 점수와 같은 보상이나 어른들의 강제가 없다면 정답을 찾는 공부를 계속하는 아이들은 거의 없을 것입니다.

질문은 아이들 스스로 던지는 것입니다. 세상에 대한 궁금증 때문에, 궁금해서 견딜 수가 없으면 "왜? 어째서?" 하고 질문이 생깁니다. 질문에 대한 답을 찾을 수도 있고 찾지 못할 수도 있지만, 답을 찾아가는 과정에서 다른 사람들의 의견도 만나고 새로운 사실도 깨닫게 됩니다. 질문을 던지는 데서 시작하는 공부는 진정으로 즐거운 공부일 것입니다.

토론이야말로 질문을 던지는 일입니다. 옳은지 그른지 질문을 던지고 그 타당성을 따져 가는 과정이 바로 토론입니다. 토론에 참여하는 사람들은 누구나 질문을 던지고 그 질문에 대한 답을 찾아 나갑니다. 그 과정에서 다른 질문들을 무수히 만나게 되겠지요. 그러면서 공부라는 것이 무수한 질문의 연속이라는 것을 알게 됩니다.

토론이 끝나도 마찬가지입니다. 토론이 끝난다고 해도 여전히 많은 질문이 남아 있다는 사실을 알게 될 것입니다. 우리가 알고 있는 진실이나 결론은 항상 잠정적인 것일 뿐입니다. 여전히 우리가 사는 세상은 알 수 없는 것들로 가득

차 있습니다.

　알 수 없는 세상에 대해 조금씩 질문을 던져 앎의 세계를 넓혀 가는 과정이야말로 우리가 삶을 살아가는 참된 의미이겠지요. 앎의 기쁨을 모르는 삶과 그러한 기쁨을 누리는 삶은 하늘과 땅 차이만큼 다를 것입니다. 토론은 진정으로 공부하는 세계, 앎의 기쁨을 누리는 세계로 우리 아이들을 이끌어 갈 것입니다.

이렇게 지도해 주세요

- 혼자서 읽기보다 친구들과 함께 읽고 생각을 나누는 것이 더 좋습니다.
- 하나의 논제에 대해 찬성과 반대 입장이 나란히 실려 있습니다. 찬성 글과 반대 글을 통해 논거를 구성하는 방법을 배우도록 해 주세요. 주장을 어떻게 입증하고 있는지, 근거는 어디에서 찾았는지 살펴보면서 읽도록 해 주세요.
- 찬성 글과 반대 글의 마지막 부분에는 '반론'을 제시하였습니다. 반박을 할 때에는 상대편이 주장한 내용에 대해서 반박을 해야 하며 새로운 내용을 주장하지 말아야 한다는 것도 알게 해 주세요.
- 찬성 글과 반대 글이 모두 설득력 있게 제시되어 있기에 글을 읽고 난 뒤에 생각의 혼란을 느낄 수 있습니다. 생각이 복잡해지는 것이 자연스러운 일임을 알려 주시고 각각의 입장에 타당한 점이 있음을 인정하는 마음가짐이 토론의 출발이라는 것도 말씀해 주세요.
- 이 책에 실려 있는 논제로 토론을 진행할 경우에는 먼저 글을 읽고 난 뒤 '생각더하기'에 제시된 두 가지 질문에 답을 하면서 토론을 준비하도록 하세요. 토론이 끝난 뒤에는 '생각더하기'의 나머지 활동을 함께하면서 사고를 확산시키도록 해 주세요.
- 책에 나와 있는 근거를 그대로 토론에 사용할 경우 자신의 말로 재구성해서 사용할 수 있도록 지도해 주세요.

어린이 토론학교에 오신 것을 환영합니다 -- 4
어린이와 함께 이 책을 읽는 학부모, 선생님께 -- 8

1. 유전자조작 식품을 먹어도 될까?

그래! 유전자조작 식품을 먹어도 돼 -- 16

아니야! 유전자조작 식품을 먹으면 안 돼 -- 24

2. 인간 복제를 해도 될까?

그래! 인간 복제를 해도 돼 -- 40

아니야! 인간 복제를 해서는 안 돼 -- 48

3. 맞춤아기를 허용해야 할까?

그래! 맞춤아기를 허용해도 돼 -- 64

아니야! 맞춤아기를 허용해서는 안 돼 -- 72

..차례..

 **4 안락사를 허용해야 할까?**

그래! 안락사를 허용해도 돼 -- 88

아니야! 안락사를 허용해서는 안 돼 -- 96

 **5 인간과 똑같은 로봇을 개발해도 괜찮을까?**

그래! 인간과 똑같은 로봇을 개발해도 괜찮아 -- 112

아니야! 인간과 똑같은 로봇을 개발해서는 안 돼 -- 120

토론 한눈에 보기 -- 132

교과서와 함께 봐요 -- 135

참고 자료 -- 136

유전자조작 식품을 먹어도 될까?

"

그래!
유전자조작 식품을 먹어도 돼

아니야!
유전자조작 식품을 먹으면 안 돼

"

생각 열기

　　안심해와 의심해는 축구 시합이 끝나고 목이 말라 음료수를 사러 편의점에 들렀어요. 안심해가 콜라를 사자 의심해가 말렸어요.
　　"탄산음료 나쁜 거 몰라? 나는 두유 마셔야지."
　　안심해는 시큰둥하게 대답했어요.
　　"두유도 나쁠걸? 그 두유 네가 무서워하는 유전자조작 콩으로 만들었을지도 몰라."
　　의심해는 화들짝 놀라 뒤쪽에 붙은 식품 표시 성분을 읽었어요.
　　"어디 보자, 정말 수입 콩이네. 혹시 유전자조작 콩일지 모르니까 유기농 두유나 국산 콩 100퍼센트 두유를 사야겠다."
　　의심해는 편의점에 있는 두유를 하나씩 다 살펴보기 시작했어요.
　　"이건 액상과당이 들어 있네. 과당은 유전자조작 옥수수로 만든다던데……. 근데 콜라에도 들어 있댔어! 콜라 마시지 말라니까!"
　　"야, 너 너무 깐깐해! 그리고 그거 엄청 비싼데 진짜 살 거야?"
　　"비싸도 할 수 없지. 네가 유전자조작 식품이 얼마나 해로운지 몰라서 그래. 나처럼 알레르기로 고생하면 생각이 바뀔걸?"
　　의심해가 시무룩하게 말하자 안심해가 웃으면서 대꾸했어요.
　　"비싼 돈 내면서 몸에 좋은지 나쁜지 따지느라 스트레스 받느니 난 그냥 콜라 맛있게 먹고 축구 한 판 더 뛸래. 그게 진짜 건강해지는 비결이라고."

1. 안심해와 의심해의 말 중에 더 공감이 가는 것은 누구의 말인가요?

2. 오늘 하루 동안 먹은 음식을 떠올려 보고 그중에 유전자조작 콩이나 옥수수가 들어간 음식이 있는지 알아봅시다.

"그래, 유전자조작 식품을 먹어도 돼"

유전자조작 식품은 안전해

여러분이 노릇노릇하게 구운 두부를 한입 먹었는데, "그 두부는 유전자조작 콩으로 만든 거예요. 그리고 유전자조작 카놀라에서 짜낸 기름으로 구웠답니다."라는 말을 들으면 기분이 어떨까요? 괜히 찜찜해서 더 이상 먹기가 싫을 거예요. 여기저기에서 유전자조작 식품에 문제가 있다는 말을 들었기 때문이죠. 하지만 유전자조작 식품에는 아무런 문제가 없습니다. 인간이 유전자조작 식품을 먹기 시작한 지도 벌써 20년이 지났어요. 그런데 그동안 이걸 먹고 죽거나 큰 병에 걸린 사람은 아무도 없습니다.

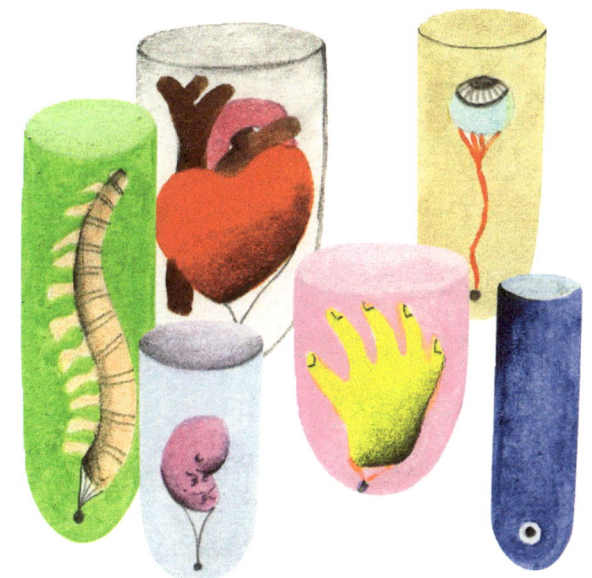

결론부터 말하자면 유전자 조작 식품은 우리 몸에 해롭지 않아요. 첫째, 유전자조작은 우리 조상들이 수천 년 동안 논과 밭에서 해 온 일과 다르지 않기 때문에 안전합니다. 우리가 지금 먹는 곡식, 과일, 채소 등은 모두 야생에서 왔습니다. 야생 곡식은 낟알이 한두 개만 열리는 것도 많기 때문에 농부들은 어쩌다 낟알이 많이 열리거나 가뭄에도 살아남은 곡식이나 과일을 따로 모아 심었어요. 그리고 붓으로 꽃가루를 옮겨 가며 교배를 시켰어요. 이렇게 하기까지 수십 년이 걸리는 일도 많았지요. 그러나 요새는 실험실에서 유전자조작을 통해 쉽고 빠르게 원하는 품종을 얻을 수 있어요. 농부가 하던 일을 과학자, 생명공학자가 대신하는 건데 그게 과연 위험할까요? 어떤 품종이 나올지 모르는 농부의 교배보다 오히려 더 정확하고 안전한 방법 아닐까요?

둘째, 유전자조작 식품은 개발할 때부터 안전에 엄청난 신경을 쓰기 때문에 걱정할 필요가 없습니다. 조금이라도 독성이 있을 것 같으면 더 이상 개발하지 않고, 개발하고 난 후에도 연구소에서 철저하게 검사를 하지요. 게다가 소비자들의 손에 들어가기 전에 다시 한 번 미국의 식약청(FDA)이나 우리나라의 식품의약품안전처 등과 같은 기관에서 엄격한 검사를 받기 때문에 아무런 검사도 받지 않고 식탁에 오르는 다른 식품들보다 오히려 더 안전합니다.

셋째, 유전자조작 식품이 위험하다고 주장하는 실험 결과들이 모두 문제가 있다고 밝혀졌기 때문에 불안해할 필요가 없습니다. 1998년 영국의 푸스타이 박사는 유전자조작 감자를 쥐에게 먹였더니 독성 물질로 장기가 손상되었다고 발표했어요. 그러나 다른 연구자들이 똑같은 실험을 하자 결과가 달랐다고 해요. 2005년 러시아의 에르마코바 박사도 유전자조작 콩을 먹은 쥐의 사망률이 6배나 높았다고 주장했지요. 하지만 세계적인 과학 잡지인 〈네이처〉는 신뢰성이 낮다고 이 논문을 실어 주지 않았어요. 2012년 프랑스의 세랄리니 교수도 유전자조작 옥수수를 먹은 쥐에게 엄청난 크기의 종양이 발생했다며 호들갑을 떨었지요. 그러나 유럽식품안전청은 연구 과정에 문제가 있다고 밝혔어요.

유전자조작 식품에 문제가 있다는 논문이 지난 20여 년간 900여 편이나 등장했지만 믿을 만한 유명한 학술지에 실린 논문은 단 한 편도 없습니다. 이 사실만 봐도 유전자조작 식품이 해롭다는 주장은 과학적 근거가 없다는 걸 알 수 있어요. 따라서 안심하고 먹어도 됩니다.

유전자조작 식품은 환경과 경제에 큰 이익을 줘

지난 2000년, 최첨단 기술로 새로운 예술 작품을 창조하고 싶었던 브라질의 예술가 에두아르도 카츠는 프랑스의 생명공학 연구소와 함께 해파리의 형광 유전자를 흰 토끼 유전자에 끼워 넣었습니다. 어둠 속에서도 빛나는 녹색 형광 토끼를 탄생시킨 거예요. 유전자조작 식품의 원리도 똑같아요. 열매가 많이 열리고 해충과 비바람에 강한 유전자를 콩이나 옥수수에 조합해 더 튼튼하고 수확량이 많은 콩과 옥수수를 만드는 첨단 생명공학이지요.

농부들은 그동안 많은 농약과 비료, 제초제와 살충제를 사용해 농사를 지었어요. 하지만 유전자조작 곡식과 채소를 기르면 이런 독한 화학제품들을 사용하지 않아도 되기 때문에 여러 가지 좋은 점이 있습니다. 우선 환경오염이 크게 줄어들어요. 땅과 물을 오염시키는 독한 화학제품을 사용하지 않아도 되기 때문이죠. 또 잡초를 뽑고 벌레를 잡지 않아도 쑥쑥 크기 때문에 농부들의 일손도 덜어 줍니다. 게다가 제품이 쉽게 썩거나 무르지 않기 때문에 저장하고 운반하고 판매하는 데 드는 비용도 줄어들지요. 이처럼 생산 비용과 유통비용이 줄어들기 때문에 농부는 이익을 많이 남길 수 있어 좋고 소비자는 싼값에 좋은 물건을 살 수 있어 경제에 활력이 생깁니다.

유전자조작이 우리에게 주는 또 하나의 선물은 바이오 연료입니

다. 예를 들어 유전자조작 옥수수를 발효해 바이오 에탄올을 만들면 자동차 연료로 쓸 수 있어요. 오염 물질이 배출되지 않는 친환경 바이오 에너지는 지구와 환경을 살릴 수 있는 효자 에너지예요. 게다가 바이오 에너지는 생명공학과 마찬가지로 우리나라에 커다란 경제적 이득을 가져다줄 수 있는 첨단 기술이지요.

자원이 별로 없는 우리나라는 그동안 자동차나 휴대폰을 수출해 경제를 성장시켜 왔는데 요새는 중국과 일본 사이에 끼어 어려움을 겪고 있어요. 이럴 때일수록 생명공학이나 인공지능 같은 첨단 기술을 발전시켜야 해요. 그래서 정부에서도 더 많은 기업들이 투자와 연구를 하도록 격려하고 있어요.

유전자조작 식품은 식량문제를 해결할 수 있어

유전자조작 식품은 굶주림과 영양실조에 허덕이는 많은 사람들을 구해 줄 수 있습니다. 유엔식량농업기구가 펴낸 '2015 세계 식량 불안정 상황'이라는 보고서는 "전 세계에서 건강한 삶을 살아갈 만큼 충분한 음식을 섭취하지 못하는 인구가 7억 9천500만 명"이라고 밝혔어요. 심지어 2015년 사망한 어린이 약 590만 명 중에 절반이 넘는 어린이가 영양실조로 사망했지요. 여러분은 투덜거리며 반찬 투정을 하는데 아프리카에선 10초마다 한 명의 어린이가 굶어 죽고 있는 거예요. 이유는 단 하나, 먹을 것이 모자라기 때문입니다.

인구는 점점 증가하는데 식량 생산이 이를 따라잡지 못하고 있어요. 더구나 지구온난화와 기상이변으로 툭하면 홍수와 가뭄, 폭염과 추위가 전 지구를 덮쳐 식량 생산량이 늘기는커녕 오히려 줄어들고 있지요. 그러다 보니 세계 곡물 가격이 갑자기 치솟는 바람에 먹거리에 대한 불안감이 커지고 있기도 하고요. 결국 유전자조작 식품으로 해결할 수밖에 없는 거예요.

평범한 곡식과 달리 유전자조작 곡식은 해충이나 가뭄에도 잘 자라고 수확량이 많습니다. 그래서 식량을 더 많이 안정적으로 공급할 수 있어요. 게다가 다양한 유전자를 끼워 넣어 영양 성분을 강화시킬 수 있으니 일석이조인 셈이죠. 2000년 스위스의 과학자들은 수선화와 미생물의 유전자를 조합해 비타민A가 들어 있는 황금쌀을 만들었어요. 이 쌀을 먹으면 해마다 비타민 A가 부족해 시력을 잃고 실명하는 가난한 나라의 어린이 50만 명을 구할 수 있답니다.

유전자조작을 반대하는 사람들은 식량은 충분한데 골고루 분배되지 않는 게 문제라고 주장합니다. 그러나 식량을 나누는 문제는 정치

적, 경제적으로 해결해야 할 일이 많아 시간이 너무 오래 걸려요. 그동안 굶주리는 사람들을 그냥 방치할 수는 없습니다.

설사 식량이 충분하다 해도 유전자조작 식품을 반대할 이유는 전혀 없어요. 식량은 많으면 많을수록 좋으니까요. 유전자조작 식품 덕분에 식량 가격이 떨어져 누구라도 배불리 먹을 수 있게 될 거예요.

유전자조작 식품은 먹거리 선택권을 침해하지 않아

많은 사람들이 자기도 모르는 사이에 원하지도 않는 유전자조작 식품을 먹게 되니까 유전자조작 식품을 금지해야 한다고 주장해요.

먹거리 선택권을 침해당하고 있다는 것이지요. 하지만 이런 문제는 유전자조작 식품 표시제를 통해 얼마든지 해결할 수 있어요. 지금도 우리나라 식품위생법은 유전자조작 식품인지 아닌지 제품에 표시하도록 정해 놓고 있지요. 간장이나 식용유, 술 등에는 표시가 안 되고 있다고 항의하지만, 그건 여러 번 가공해서 DNA가 남아 있지도 않은 제품에 굳이 표시할 이유가 없기 때문이에요. 원래 DNA는 대부분 위장에서 효소나 위산에 분해되어 버리기 때문에 걱정할 필요가 없습니다. 그래도 불안하다면 완전표시제를 주장해야지 유전자조작 식품 자체를 거부해선 안 되겠지요.

유전자조작 식품을 반대하는 사람들은 대부분 친환경 제품이나 유기농 제품을 늘려야 한다고 주장합니다. 그러나 여러분도 잘 알다시피 이런 제품은 값이 비싸서 누구나 쉽게 사먹을 수 없어요. 오히려 유전자조작으로 영양분과 품질을 개선한 식품이 값도 싸고 소비자들의 요구도 만족시킬 수 있답니다. 2015년 미국 식약청은 깎아 놓아도 갈변하지 않는 사과, 발암물질인 아크릴아미드가 생성되지 않는 감자, 성장 속도와 크기가 두 배인 연어를 안전하다고 승인했어요. 이처럼 유전자조작 식품 덕분에 우리는 싼 가격에 다양하고 품질 좋은 식품을 먹을 수 있어요. 따라서 유전자조작 식품을 거부할 이유가 없는 것이지요.

"아니야, 유전자조작 식품을 먹으면 안 돼"

유전자조작 식품은 안전하지 않아

1994년, 잘 무르지 않는 유전자조작 토마토가 생산되자 식품 회사들은 토마토 통조림을 만들어 싼값에 팔았습니다. 이 통조림은 사람들에게 큰 인기를 끌었어요. 1996년엔 유전자조작 콩과 옥수수가 생산되어 전 세계로 팔려 나가기 시작했고요. 그러자 과학자들은 이 낯선 식품이 안전한지 아닌지 본격적으로 연구했지요.

1998년 당시 세계적인 연구자였던 영국 로웨트 연구소의 푸스타이 박사도 유전자조작 감자를 쥐에게 먹이는 실험을 했어요. 그 결과 단

열흘 만에 쥐들의 몸에 암세포가 자라나고 간과 뇌와 고환이 작아지는 것을 발견했지요. 박사는 큰 충격을 받아 즉시 이를 언론과 과학계에 적극적으로 알렸습니다. 그런데 논문을 발표한 뒤 이틀 만에 푸스타이 박사는 35년간 다니던 연구소에서 갑자기 해고되고 말았어요. 침묵하지 않으면 소송을 걸겠다는 협박과 함께요.

그 후 2012년에 미국의 유명한 과학 학술지인 〈식품과 화학독성학〉에 충격적인 사진과 함께 유전자조작 식품의 위험성을 알리는 또 한 편의 중요한 논문이 실렸습니다. 프랑스 캉 대학의 세라리니 교수가 이끄는 연구팀의 논문이었어요. 이 연구팀은 정확한 결과를 위해 보통 90일 동안만 하는 동물 실험을 2년 동안이나 했다고 해요. 때문에 누구도 쉽게 반박할 수 없는 연구였지요.

2년 동안 유전자조작 옥수수를 먹은 흰 쥐들의 상태는 끔찍했어요. 온몸에 종양이 발생하거나 간과 신장에 독성 물질이 쌓여 병들대로 병들다 일찍 죽어 버린 거예요. 그 일로 엄청난 논란이 일었지만 긴 싸움 끝에 결국 세라리니 교수의 연구 결과는 학계의 인정을 받았어요.

이후 수많은 과학자들이 교수의 실험을 재현해 그의 연구가 틀리지 않았음을 함께 밝혀냈고요.

유전자조작 식품이 쥐들에게 이토록 해롭다면 당연히 인간에게도 해롭지 않을까요? 특히 어린이들은 아직 면역 체계가 완성되지 않아 독소에 잘 대응하지 못해요. 그래서 유전자조작 식품은 어린이들에게 훨씬 더 위험합니다. 함부로 먹어선 안 되는 것이지요.

유전자조작 식품은 자연과 생명의 질서를 파괴해

유전자조작 곡식과 채소를 심으면 농약도 제초제도 뿌릴 필요가 없으니 자연과 환경에 큰 도움이 된다는 주장이 있어요. 그러나 현실은 정반대입니다. 1995년 미국 코넬대학교 연구팀은 해충저항성 옥수수의 꽃가루가 주변으로 퍼져 나가 이것을 먹은 모나크 나비 애벌레의 44%가 죽어 버린 사실을 발견했어요. 그리고 농사에 필요한 이로운 곤충과 잠자리나 무당벌레 같은 주변 곤충들, 땅속의 미생물까지 모조리 죽게 만들었지요. 심지어 이 유전자조작 옥수수를 먹은 사람의 위와 장에도 미세한 구멍을 내서 소화기관을 손상시

해충저항성 옥수수
곤충의 소화기관에 구멍을 뚫는 Bt 박테리아라는 세균의 유전자를 조합해 만든 옥수수를 말해요. 옥수수가 스스로 살충 성분을 만들어 내 벌레가 조금이라도 먹으면 배 속에 구멍이 뚫려 죽도록 만든 옥수수예요.

켰다고 해요. 뿐만 아니라 시간이 지나자 해충들에게 내성이 생겨 오히려 전보다 훨씬 더 독한 농약을 뿌려야 하지요.

제초제를 덜 쓰게 된다는 이야기도 마찬가지예요. 미국의 다국적 생명공학 회사인 몬산토는 라운드업이라는 제초제에 내성을 가진 유전자조작 콩과 옥수수를 개발했어요. 이 콩과 옥수수를 심고 라운드업을 뿌리면 잡초는 전부 말라 죽고 콩과 옥수수만 말짱하게 잘 자랍니다. 그래서 농사짓기가 굉장히 편해요. 하지만 2003년, 라운드업을 뿌려도 살아남는 슈퍼 잡초가 발견되었어요. 결국 예전보다 더 독한 제초제를 더 많이 뿌려야 하는 것이지요. 게다가 라운드업에 들어 있는 글리포세이트라는 성분 때문에 유전자조작 콩밭이 있는 마을에서 기형아 출산이 70배나 늘었다고 해요. 이처럼 유전자조작은 환경에 도움이 되기는커녕 자연 생태계를 망가뜨리고 인간의 삶을 위협하고 있어요.

유전자조작 식품을 개발하고 판매하는 기업들은 원래 농부들이 자연에서 해 오던 것을 실험실에서 좀 더 빨리하고 있을 뿐이라고 말합니다. 그러나 옛날부터 해 오던 품종개량은 오이 맛 풋고추나 체리 모양 토마토처럼 자연에서도 우연히 얼마든지 일어날 수 있는 조합을 하는 거예요. 반면 유전자조작은 자연에서 서로 교배할 수 없는 유전자를 섞어 버려요. 이렇게 탄생한 괴상한 생물들은 지구의 생태계를 어지럽힙니다. 지구 생태계는 수십억 년 동안 오랜 진화를 거치며 환경에 맞게 변화해 왔어요. 그런데 이걸 무시하고 단시간에 인위적으로 탄생한 생명체가 과연 인간과 자연과 함께 어울려 살아갈 수 있을까요?

유전자조작 식품은 식량문제를 해결해 줄 수 없어

유전자조작 식품을 반대하면 많은 사람들이 굶주림으로 죽어가는 아프리카 아이들은 어쩔 셈이냐고 합니다. 물론 먹을 것이 없어 고통받는 사람이 10억 명에 이른다는 것은 정말 가슴 아픈 일이에요. 그러나 그렇다고 해서 유전자조작 식품이 식량문제를 해결해 줄 수는 없어요.

우리는 우선 식량이 부족해서 사람들이 굶는 게 아니라는 사실을 알아야 해요. 식량은 이미 전 인류의 필요량보다 1.5배나 더 생산되고 있어요. 그런데 왜 식량이 모자랄까요? 현재 생산되는 곡식의 40%는 사람이 아닌 가축의 사료로 사용되고 있어요. 고기를 생산하기 위해서지요. 또 전체 옥수수의 20%는 바이오 에탄올을 만들기 위해 사용되고요. 사람이 먹어야 할 곡식을 가축과 자동차가 먹어 치우는 거예요. 여기에다 수많은 경제적, 사회적 이유로 부자 나라와 가난한 나라 사이에서 식량이 공평하게 나누어지지 못하는 것도 이유 중 하나지요.

그러나 우리는 유전자조작 식품의 생산량이 알려진 것보다 높지 않다는 사실을 정확히 알아야 해요. 미국의 유명한 과학자 단체인 '걱정하는 과학자 모임'은 「수확의 실패」라는 보고서에서 유기농 곡식과 유전자조작 곡식을 나란히 재배한 결과 수확량에 별 차이가 없음을 발견했어요. 심지어 가뭄이 들자 오히려 유기농 곡식의 수확량이 유전자조작 곡식의 수확량을 넘어섰다고 해요. 미국 국립농업과학원의 사무총장이었던 찰스 벤부룩도 유전자조작 곡식을 기르면 생산 비용이 줄고 수확량이 늘어 농가 소득을 올릴 수 있다는 말이 거짓말이라고 인정했어요. 시간이 지날수록 오히려 더 많은 비용이 들 뿐이라면서요.

여러분이 가난한 나라의 어린이라면 배고프니까 찬밥 더운밥 가리지 말고 먹으라는 소리가 듣기 좋을까요? 유전자조작 식품으로 가난한 나라 사람들을 구하자는 이야기는 가난하니까 몸에 해로운 거라도 군소리 없이 먹으라는 말과 같아요. 다행히 인류 모두의 노력으로 1990년에는 23.3%였던 전 세계 기아 인구가 2015년엔 12.9%로 줄어들었어요. 이 기간 동안 인구가 19억 명이나 증가했는데도 말이에요. 시간은 조금 걸리겠지만 유전자조작 식품의 도움 없이도 우리는 식량문제를 해결할 수 있습니다.

유전자조작 식품은 먹거리 선택권을 침해해

사람은 누구나 자신이 원하는 먹거리를 선택할 권리가 있어요. 그런데 그런 권리를 자신도 모르는 사이 빼앗기고 있다면 화가 나지 않을까요? 게다가 그 먹거리가 안전하지도 않은 거라면 더 그렇겠지요. 그러나 우리나라에선 유전자조작 식품이 싫어도 피할 수가 없어요.

우리나라 사람들은 옥수수와 콩을 굉장히 많이 먹습니다. 콩은 식용유, 두부, 간장, 된장, 고추장, 참치통조림에 들어 있는 기름의 주재료지요. 옥수수는 통조림으로 먹기도 하지만 전분과 전분당으로 만들어져 과자, 음료수, 짜장면, 소시지, 유제품, 라면 수프, 감미료와 올리고당에 들어갑니다. 한마디로 우리가 먹는 거의 모든 음식에 옥수수와 콩이 사용되는 거예요. 또 소, 돼지, 닭이 먹는 사료도 옥수수와 콩으로 만든답니다. 그런데 불행히도 우리나라에서 쓰이는 옥수수와 콩은 대부분 유전자조작 옥수수와 콩이에요. 그러니까 우리가 먹는 거의 모든 음식에 유전자조작 콩과 옥수수가 들어 있고, 심지어 고기도 유전자조작 사료로 키운 동물의 고기를 먹고 있는 셈이지요.

물론 식품위생법이란 게 있어서 유전자조작 콩이나 옥수수가 들어간 제품은 전부 표시를 하도록 되어 있어요. 그러나 가공해서 DNA가 남아 있지 않은 식품에는 표시를 안 해도 되기 때문에 어떤 식품에 얼마나 들어 있는지 제대로 알기가 쉽지 않아요. 먹거리 선택권을 침해당하고 있는 것이지요.

유전자조작 식품이 아무리 훌륭한 식품이라고 말해 봤자 유전자조작 식품을 좋아하는 사람들은 아무도 없어요. 제정신을 가진 사람이라면 누구나 안전하고 건강한 식품을 원하기 때문이에요. 오로지 이익에만 관심을 쏟는 기업들만이 돈벌이를 위해 유전자조작 식품을 가공하고 판매하며 몸에 좋은 식품인 양 선전하고 있지요.

유전자조작 식품이 해롭다는 사실이 확실히 증명되지 않았다고요? 유전자조작 식품이 안전하다는 사실도 확실히 증명되지 않았어요. 백번 양보해서 유전자조작 식품이 해로운지 아닌지 아직 모르는 상태라고 해 봐요. 그럴수록 함부로 먹지 말고 결과를 기다리는 게 현명한 자세 아닐까요? 우리가 유전자조작 식품을 먹어야 할 이유는 어디에도 없습니다.

찬성 유전자조작 식품은 안전해. 나온 지 20년이 지났지만 지금까지 유전자조작 식품을 먹고 죽거나 큰 병에 걸린 사람은 아무도 없어. 농부들이 수천 년 동안 해 오던 품종개량을 생명공학자들이 실험실에서 하는 건데 오히려 이게 더 안전하고 정확하지 않을까?

반대 유전자조작 식품은 절대 안전하지 않아. 1998년에 영국의 푸스타이 박사가 유전자조작 감자를 쥐에게 먹이는 실험을 했는데 단 열흘 만에 쥐들의 몸에 암세포가 자라고 간과 뇌, 고환이 작아졌다고 해. 2012년에 발표한 프랑스 세라리니 교수의 연구 결과도 마찬가지였고. 쥐에게 해로운 게 인간에게 이로울 리 없어.

유전자조작 농산물은 농약이나 비료 같은 화학제품을 안 써도 되기 때문에 지구 환경을 지키는 데 도움이 된다고 하지만 실제로는 그 반대야. 살충제나 제초제에 내성을 가진 해충이나 슈퍼 잡초가 생기는 바람에 이전보다 훨씬 더 독한 약을 쓰고 있거든. 게다가 이런 이상한 생명체들이 많아지면 생태계 전체가 위험해질 수도 있어.

찬성 사람들이 굶주리고 있는데 환경 문제 걱정하는 건 사치 아닐까? 전 세계 기아 인구가 10억 명에 달하고 2015년에만 300만 명의 어린이가 영양실조로 사망했다고 해. 유전자조작 농산물은 수확량이 많은 데다 특수한 영양 성분을 첨가할 수도 있기 때문에 굶주림과 영양실조로 죽어가는 수많은 사람들을 구할 수 있어.

인구는 늘고 있는데 지구온난화와 이상기후로 식량 생산량은 점점 줄고 있어. 그래서 곡물 가격이 불안정해지는 바람에 먹거리에 대한 불안도 갈수록 높아지고 있고. 결국 수확량도 많고 영양 성분을 강화한 유전자조작 곡물이 미래 먹거리의 대안이 될 수밖에 없어. 게다가 지구 환경에도 이로우니 일석이조인 셈이지. 유전자조작 식품이야말로 희망의 먹거리야!

반대 나누지 않아서 그렇지 식량 생산량은 이미 충분해. 게다가 유전자조작 곡물의 대부분은 가축 사료와 자동차를 위한 바이오 연료로 쓰이고 있어. 결국 유전자조작 식품은 그걸 만드는 기업의 배만 불려 줄 뿐이야. 백 번 양보해 안전한지 아닌지 잘 모른다면 일단 안 먹는 게 현명한 자세 아닐까? 유전자조작 식품은 우리 식탁을 위협하는 위험한 먹거리야. 따라서 함부로 먹어선 안 돼!

생각더하기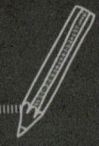

1. 두 글에서 주장의 근거를 찾아 각각 요약해 봅시다.

"유전자조작 식품을 먹어도 된다."

근거	그렇다(찬성)	아니다(반대)

2. "유전자조작 식품을 먹어도 된다."라는 주장에 대해 여러분은 찬성하나요, 반대하나요? 책에 나와 있는 내용 외에 주장을 뒷받침할 수 있는 근거를 더 찾아봅시다. 상대편의 주장을 어떻게 반박할지도 생각해 봅시다.

3. 2003년과 2004년, 큰 가뭄으로 아프리카의 잠비아, 말라위, 짐바브웨, 에티오피아는 심각한 식량난에 시달렸어요. 미국이 유전자조작 옥수수로 식량 원조를 하겠다고 했지요. 그런데 이 나라들은 "일반 농산물로 도와 달라. 유전자조작 옥수수는 받지 않겠다."라고 거절했어요. 각각의 입장이 되어 원조를 받을지 말지 의견을 말해 봅시다.

- ■ 에티오피아 정치인 1 : 받지 말아야 한다. 왜냐하면 유전자조작 옥수수가 우리나라 옥수수를 오염시키면 유럽이 우리나라 옥수수를 수입하지 않아 그나마 버티고 있던 경제가 무너지기 때문이다.

- ■ 에티오피아 정치인 2 : 받아야 한다. 왜냐하면

- ■ 에티오피아 국민 1 : 받아야 한다. 왜냐하면

- ■ 에티오피아 국민 2 : 받지 말아야 한다. 왜냐하면

- ■ 도와주는 미국 시민 1 : 받아야 한다. 왜냐하면

- ■ 도와주는 미국 시민 2 : 주지 말아야 한다. 왜냐하면

인간 복제를 해도 될까?

"

그래!
인간 복제를 해도 돼

아니야!
인간 복제를 해서는 안 돼

"

생각 열기

"나닮은, 너 오늘 생일파티 갈 거지?"

유일이의 물음에 닮은이는 풀이 죽어 대답했습니다.

"아니, 못 가. 지난주에 학원 빠져서 오늘은 학원에 가야 해. 아, 진짜 내가 둘이었으면 좋겠다. 그럼 나는 생파에 가고, 학원에는 나 대신 나의 클론이 가는 거지."

그러자 유일이가 한심하다는 듯 쳐다보며 말했어요.

"아마 클론은 너와 다른 생각을 갖고 있을걸? 쌍둥이가 똑같이 생겼다고 해서 같은 생각을 하는 게 아닌 것처럼 말이야."

"하긴 그럴 수도 있겠다. 우리 사촌 동생들도 쌍둥이라 생긴 건 거의 똑같은데 성격은 완전 달라."

"클론도 마찬가지야. 같은 유전자라 해도 클론은 네가 아니니까."

유일이의 말에 무안해진 닮은이가 머리를 긁적이며 말했어요.

"내가 요즘 공상과학소설을 읽고 그냥 한번 해 본 생각이었어."

"나도 얼마 전 공상과학영화를 하나 봤는데 너무 무서웠어. 클론이 공장에서 대량으로 만들어져서 길거리에 클론들이 넘쳐나는 거야. 생각만으로도 끔찍하지 않니?"

유일이의 말에 이번에는 닮은이가 어이없다는 듯 말했어요.

"야, 그건 정말 말도 안 된다. 영화야, 영화!"

1. 여러분은 '인간 복제'라는 말을 들으면 어떤 생각이 드나요?

2. '인간 복제'와 관련된 영화나 소설을 읽어 본 경험을 말해 봅시다.

"그래, 인간 복제를 해도 돼"

불임 문제의 대안이 될 수 있어

인간을 포함한 대부분의 생물은 세포로 이루어져 있습니다. 그 세포들 중 종족 번식을 위해 다음 세대로 유전정보를 전달하는 세포를 생식세포라고 해요. 아빠를 닮아 곱슬머리인 것도, 엄마를 닮아 쌍꺼풀이 없는 것도 아빠 엄마의 생식세포를 통해 유전정보가 자녀에게 전달되었기 때문이에요. 그런데 1997년, 놀라운 일이 벌어졌어요. 바로 '복제양 돌리'가 탄생한 거예요. 돌리는 엄마 양의 생식세포가 아닌 체세포를 복제해서 태어났어요. 체세포를 이용해 동물이 태어났다는 것은 엄마만 있더라도, 혹은 아빠나 엄마의 생식세포에 이상이 있더라도 피부나 머리카락 등에서 뽑은 유전자를 이용해서 자녀가 태어날 수 있다는 것을 뜻해요.

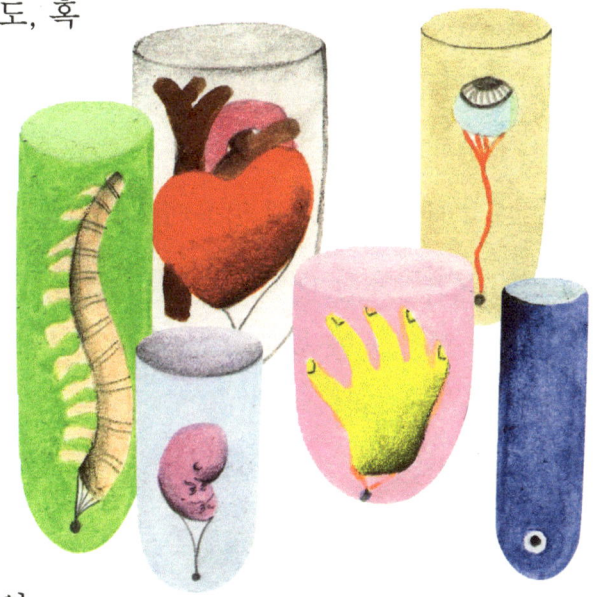

이 때문에 체세포를 이용한 인간 복제 기술은 아기를 낳지 못하는 불임 부부들에게 희망을 주고 있어요. 오늘날에는 결혼 연령이 높아지는 등 여러 가지 이유로 부부들 중 약 15% 정도가 자연스럽게 임신이 되지 않는 불임 문제를 겪고 있다고 해요. 이러한 불임 문제를 해결하기 위해 현재 가장 효과적인 방법으로 사용되는 것은 시험관 아기 시술이에요. 시험관 아기 시술은 엄마의 생식세포인 난자를 몸 밖으로 꺼내어 시험관 내에서 아빠의 생식세포인 정자와 수정시킨 후 다시 엄마의 자궁 속으로 넣는 방법을 말해요. 그마저도 40% 정도만 임신이 된다니 성공률이 낮은 편이죠. 하지만 인간 복제가 가능해진다면 체세포를 이용한 복제 방법을 통해 더 많은 불임 부부가 아기를 가질 수 있게 될 거예요.

모든 생물에게는 종족 번식과 보존의 욕구가 있어요. 자녀를 낳고 싶어 하는 것도 인간이 가진 본능 중의 하나지요. 그렇다면 아기를 갖지 못해 고통 받고 있는 많은 부부들에게 도움을 줄 수 있는 기술은 개발해야 마땅하지 않을까요? 안전성이 의심된다는 이유로 많은 사람들이 반대하고 있지만 모든 과학기술이 처음부터 안전성을 인정받는 경우는 없습니다. 현재 불임 부부들의 유일한 희망인 시험관 아기도 처음부터 안전성을 인정받았던 것은 아니었어요. 처음에는 많은 우려와 비난이 쏟아져서 시행하지 못하다가 연구가 시작된 지 10년 뒤인 1972년에야 처음으로 시술이 이루어지기 시작했고, 1978년이 되어서 마침내 성공할 수 있었지요.

체세포를 이용한 복제 기술은 전 세계의 수많은 불임 부부들에게 희망을 안겨 줄 수 있는 뛰어난 기술이에요. 따라서 인간 복제는 이루어져야 합니다.

난치병을 극복할 수 있어

많은 사람들이 인간 복제에 관심을 가지는 가장 큰 이유는 인간 복제가 난치병 등 수많은 질병 치료를 가능하게 해 주리라는 기대 때문입니다. 복제 기술의 개발은 생명이 태어나는 과정에 대한 많은 정보를 줄 뿐만 아니라 생명을 구하는 역할도 하니까요. 과학자들은 이미 인간의 난치병을 치료하는 유용한 도구로 복제 기술을 활용하고 있어요. 생명공학 기술로 생산된 인슐린이 당뇨병 치료에 쓰이고, 암과 각종 면역 질환 등 난치병의 치료제가 개발되고 있는 것들이 그 예라고 할 수 있지요.

그렇다면 인간 복제 기술이 어떻게 유전 질환 등의 난치병을 치료하는 데에 도움이 되는 걸까요? 이걸 이해하려면 우선 줄기세포에 대한 이해가 필요합니다. '아기 씨'라고 불리는 배아에는 신경, 혈액, 뼈, 근육 등 우리 몸을 구성하는 모든 종류의 세포로 바뀔 수 있는 능력을 가진 세포가 있는데, 이러한 세포 덩어리를 배아에서 뽑아낸 것을 줄기세포라고 해요. 그런데 이 줄기세포를 이용하면 유전 질환을 포함해 다양한 질병을 치료할 수가 있어요. 만약 불의의 교통사고로 척추 안에 있는 척수신경이 끊어졌다면 평생 동안 다리를 못 쓰고 하반신 마비로 살아가야 합니다. 하지만 인간 복제 기술이 있으면 환자의 체세포에서 핵을 떼어 내어 복제 배아를 만들고, 이 복제 배아에서 줄기세포를 뽑아낸 후 이를 이용해 끊어진 척수신경을 다시 잇는 일이 가능해지는 거예요. 마치 잘려 나간 도마뱀 꼬리가 재생되듯이 신체의 일부도 재생시킬 수 있는 것이지요.

인간 복제 기술이 생명의 존엄성을 해친다는 이유로 반대하는 사람들이 많습니다. 하지만 난치병으로 고통 받는 환자의 입장에서 보면 인간 복제 기술은 자신의 소중한 생명을 지킬 수 있는 유일한 희망일 수 있어요. 따라서 무조건 막으려고만 할 것이 아니라 사회적 합의를 통해 정의롭게 사용하는 방안을 연구해야 하지 않을까요?

과학과 의학의 발전을 막을 수는 없어

인류는 생물학적 한계를 극복하고자 그동안 끊임없이 과학과 의학을 발전시키며 노력해 왔습니다. 그 결과 사람들은 수많은 질병을 치료하여 좀 더 건강하게 오래 살 수 있게 되었지요.

지금은 역사 속 이야기가 되었지만 천연두는 18세기까지만 하더라도 어린이들의 목숨을 앗아 가는 가장 큰 원인이었습니다. 당시에

는 천연두에 걸리면 당연히 죽는 것으로 생각했어요. 그래서 마을에 한 명의 환자가 발생하면 마을 전체가 공포에 떨어야만 했지요. 그러나 1978년 영국 의사 에드워드 제너에 의해 종두법이 개발된 이후 더 이상 천연두로 목숨을 잃는 일은 없습니다. 만약 과학과 의학의 발달이 없었다면 아직도 천연두는 공포의 대상일 거예요.

인간 복제도 마찬가지 아닐까요? 인간 복제 기술에 대한 연구는 세포 분화와 관련된 지식을 우리에게 주어 인간의 노화를 막고 수명을 연장시키는 등 인류의 삶의 질을 향상시켜 줄 수 있습니다. 따라서 인간 복제도 인간의 한계를 극복하고자 하는 과학과 의학의 노력 연장선 위에 있다고 이해되어야 해요.

복제양 돌리에서 출발한 동물 복제 기술은 나날이 발전을 거듭하여 우리 생활 속으로 점점 깊숙이 들어오고 있습니다. 2015년 영국의 한 커플은 애완견이 뇌종양으로 죽자 생명공학 연구원에 죽은 애완견의 복제를 부탁했다고 합니다. 복제 기술 전문가 황우석 박사가 이끄는 이 연구원에서는 애완동물 복제 서비스를 제공하고 있으며, 지금까지 700마리가 넘는 복제견을 만들었다고 해요. 이처럼 복제를 시도하는 횟수가 많아져 복제 동물의 수가 증가하고 다양한 종의 동물 복제가 이루어지다 보면 인간과 유전 형질이 비슷한 침팬지의 복제도 가능해질 거예요. 그러다 보면 머지않은 미래에 인간 복제도 가능해질 테고요.

어떤 기술이든 처음 시행될 때는 논란이 있기 마련입니다. 더구나 복제 기술은 생명을 다루는 일일 만큼 더 조심스러울 수밖에 없지요. 하지만 그동안 과학과 의학의 발전이 이루어 낸 것들을 생각해 보세요. 잘못된 용도로 쓰일 것을 염려하여 지식과 기술의 응용을 통해 얻을 수 있는 혜택마저 놓치는 것은 어리석은 일 아닐까요?

인간 고유의 가치와 존엄성을 해치지 않아

인간 복제가 허용되면 인간의 가치와 존엄성이 크게 훼손될 것이라며 염려하는 사람들이 많습니다. 하지만 이러한 생각은 복제 기술을 잘못 이해한 데서 오는 막연한 두려움일 뿐입니다. 같은 유전자로 복제 인간을 만들었다고 해서 그 두 사람이 똑같은 인간이 되는 것은 아니기 때문이에요.

동일한 유전자를 지녔다고 해서 모든 게 같은 수는 없습니다. 이는 일란성 쌍둥이의 경우만 봐도 잘 알 수 있지요. 일란성 쌍둥이는 하나의 수정란이 두 개로 갈라져 태어났기 때문에 서로 같은 유전자를 가지고 있어요. 그래서 생김새는 똑같지만 서로 다른 생각과 행동을 하고 독립된 개체로 성장하여 서로 다른 때 다른 이유로 죽습니다. 한 사람이 가지고 있는 고유한 성질, 가치는 유전자를 통해서만 결정되는 것이 아니라 환경의 영향을 많이 받기 때문입니다.

어떤 사람들은 복제 인간을 만들면 다양한 재능을 가진 역사 속 유명인을 복제할 수 있기 때문에 사회에 큰 이익을 가져다준다고 말하기도 합니다. 천재 과학자나 음악가를 복제해 그 재능을 발휘하도록 할 수 있다는 것이지요. 그러나 천재 음악가 모차르트를 복제한다고 해서 그 복제 인간이 과연 지난날의 모차르트처럼 수많은 명곡을 만들어 낼 수 있을까요? 그렇지 않을 것입니다. 모차르트가 천재 음악가가 된 데에는 유전적으로 타고난 재능도 있겠지만, 당시의 시대적 분위기와 주변 환경, 또 본인의 의지와 노력이 없었다면 불가능했을 테니까요.

인간 복제 기술에 대해 사람들이 갖는 두려움은 대부분 미디어의 영향이 큽니다. 공상과학영화나 소설 속에 등장하는 복제 인간의 모습은 대부분 부정적으로 그려지기 때문이에요. 그러나 미디어는 원래 과장이 심한 편이지요. 따라서 막연한 두려움과 반감을 갖고 무조건 반대하기보다 인간 복제 기술을 바르게 이해하고, 기술이 가져올 혜택을 올바른 시각에서 바라볼 필요가 있습니다.

"아니야, 인간 복제를 해서는 안 돼"

안전성을 확신할 수 없어

여러분은 복제양 돌리에 대해 얼마나 알고 있나요? 세상에 첫선을 보인 복제양은 돌리가 맞지만, 돌리가 태어나기까지는 276차례의 실패가 있었다고 해요. 그러니까 돌리는 277번 째 복제된 양이었던 거죠. 그렇다면 돌리 이전에는 양들이 태어나지 않았던 걸까요? 그렇지 않아요. 정상보다 20배나 더 큰 혈관을 지닌 채 숨을 제대로 못 쉬는 새끼 양이 태어나기도 했고, 태어날 때부터 간, 신장, 면역계에 이상을 가진 양도 있었지요. 복제양 돌리만이 아니라 이후 같은 방식으

로 쥐, 소, 염소, 돼지, 고양이 등 여러 종류의 동물을 복제하는 데에도 평균 1백 번이 넘는 실패 과정이 있었다고 해요. 한 마리의 복제 동물이 정상으로 태어나기까지 수많은 기형의 비정상 개체가 생겨나거나 생명을 잃었던 것이지요.

그렇다면 복제 인간의 경우는 어떨까요? 다른 동물들의 복제와 마찬가지로 신체 장기 일부에 이상을 가지고 태어나는 아기, 이로 인해 태어나자마자 죽게 되는 아기가 생기지 않겠어요? 유전학적 형질이 복잡한 인간의 경우에는 동물 복제보다 더 많은 시행착오를 거쳐야 할 수도 있는데, 이 과정에서 수많은 생명이 희생되는 것이 과연 바람직한 일일까요?

정상적으로 태어난다고 해도 여전히 문제가 많아요. 다시 복제양 돌리의 예를 들어 생각해 볼까요? 돌리는 6살이 된 엄마 양의 체세포를 복제했기 때문에 태어났을 때 이미 세포의 생물학적 나이가 6살과 다름없었어요. 이로 인해 관절염에 걸리는 등 정상적으로 태어난 다른 양들에 비해 빠른 속도로 노화 현상이 일어났지요. 그래서 다른 양들이 평균 12살까지 사는 데 비해 돌리는 그 절반 나이인 6살에 폐질환을 앓다 안락사를 당해야만 했어요. 돌리에게 나타난 폐질환의 원인은 정확히 밝혀지지 않았지만, 복제가 그 원인이 아니라고 단정할 수도 없어요. 복제 인간도 마찬가지예요. 아기를 낳지 못하는 40세 엄마로부터 체세포의 핵을 받은 복제 아기는 40세의 몸을 가지고 태어나는 것과 마찬가지기 때문에 또래 아이들에 비해 일찍 죽거나 질병에 걸릴 확률이 높은 것이지요.

복제 과정과 복제된 동물에게 생기는 기형과 온갖 질병, 이른 죽음의 원인은 아직도 정확하게 밝혀지지 않았어요. 물론 복제 기술이 더 발전하면 그런 문제들을 극복할 수도 있겠지요. 그러나 과학 기술은 완전하지 않아요. 한 가지 문제를 해결하면 그로 인해 또 다른 문제가 생겨나는 경우가 더 많지요. 그런데 이런 불완전한 기술로 인간의 생명을 다루는 것은 너무 위험하지 않을까요?

인간의 가치와 존엄성이 훼손될 거야

복제 기술 전문가인 황우석 박사는 2015년 중국의 생명공학 회사와 함께 "세계에서 가장 큰 동물 복제 공장을 만들어 매년 식용으로 쓰일 복제소 100만 마리를 만들겠다."라고 말했어요. 동물 복제가 처음 이루어질 때 동물 생명의 존엄성을 우려하던 것이 현실이 된 것이죠. 인간의 질병을 치료할 목적으로 복제되던 동물이 이제는 단순히 인간의 경제적 이익을 위해 복제되기에 이르렀으니까요.

질병 치료에 도움을 준다는 이유로 인간 복제의 정당성을 주장하는 사람들이 있지만 인간 복제가 허용되면 동물 복제의 경우처럼 그

인간 배아
인간의 생식세포인 정자와 난자가 만나 결합된 수정란을 말해요. 인간 생명의 가장 초기 단계로 태아와 똑같은 인간 생명체라고 할 수 있어요.

목적이 변질되지는 않을까요? 이러한 생각은 막연한 두려움이 아니에요. 시험관 아기와 같은 체외수정 기술이 현대 사회에서 널리 쓰이면서 미국에서는 젊고 예쁘고 똑똑한 여대생의 난자가 수백만 원에서 수천만 원이라는 금액에 거래되고 있으니까요.

인간 복제가 가능해지면, 인간은 세상에 하나 뿐인 유일한 개체가 아닌 언제든지 대체될 수 있는 존재, 공장에서 찍어 내는 제품처럼 마음대로 만들어 낼 수 있는 존재가 되는 거예요. 언제든지 바꿀 수 있는 것을 특별하게 생각하긴 어렵지요. 또 복제양 돌리의 사례에서 알 수 있듯이 인간 복제 과정에서 기형아나 생명이 될 수 있는 인간 배아를 죽이는 행위도 일어날 거예요. 인간이 고귀한 생명으로 존중받지 못하고 단순한 실험 대상으로 취급될 우려가 있는 것이지요.

게다가 성공적으로 복제 인간이 태어나더라도 그 자체로서 가치를 지니기보다 도구로서 활용될 가능성이 더 많아요. 도구로서 활용된다는 것은 어떤 목적을 가지고 만들어졌다는 것이기 때문에 인간으로서의 존엄성을 보장 받지 못한다는 의미예요.

그래서 복제양 돌리가 탄생한 1997년 유네스코에서는 '모든 인간은 유전적 특질에 관계없이 존엄과 인권을 보장 받아야 한다.'는 내용이 담긴 〈인간게놈과 인권에 관한 보편선언〉을 만장일치로 채택했어요. 생명공학 기술로 인해 인간의 존엄성이 훼손될 미래를 모두가 우려한 것이지요.

사회적 혼란을 가져 올 거야

남자와 여자가 만나 결혼을 하고 아이를 낳으면 이들은 서로 남편과 아내 그리고 아빠, 엄마, 자녀라는 관계를 갖게 됩니다. 이렇게 만들어진 가족 공동체는 우리 사회를 유지하게 해 주는 기본 단위예요. 그런데 복제 인간이 허용되면 전통적인 가족 관계가 송두리째 무너질 위험이 있어요. 유전자를 준 사람이 엄마인지 난자를 제공한 사람이 엄마인지도 분명하지 않고, 나와 유전형질이 같은 아이를 형제나 자매로 봐야 할지 자식으로 봐야 할지 정확히 알 수가 없기 때문이에요. 게다가 정상적인 탄생 과정을 거치지 않은 복제 인간을 아무런 거부감 없이 같은 사

회 공동체의 일원으로 받아들일 수 있을까요? 아마도 힘들 거예요.

또한 인간 복제를 허용하는 범위를 한정 짓기가 매우 어렵다는 문제도 있습니다. 인간 복제가 불임 부부에게 허용된다면, 마찬가지로 적합한 골수를 가진 형제자매를 낳기 위해 아픈 아이의 유전체를 복사하는 치료 목적의 인간 복제도 허용되어야 해요. 문제는 이런 식으로 허용의 범위를 넓혀 가다 보면 결국 타인에게 장기를 제공하기 위한 인간 복제도 하나의 생명을 살린다는 차원에서 허용되어야 한다는 주장이 힘을 얻을 수도 있다는 거예요. 한 방울의 물이 둑을 뚫긴 어렵지만, 조그만 틈이 생긴 둑은 언젠가 무너져 내리기 마련이니까요. 인간 복제는 전통적 가족 관계를 무너뜨리고 인간을 도구화시켜 우리 사회를 큰 혼란에 빠뜨리게 될 위험성이 너무 큽니다. 따라서 인간 복제를 허용하는 것만은 막아야 해요.

통제되지 않는 과학은 위험해

시대의 흐름에 따른 과학과 의학의 발전은 막을 수 없다고 하는 사람들도 있습니다. 그러나 과학의 발전이 꼭 인간에게 이로움만 가져다주는 것은 아니에요. 때론 엄청난 재앙을 가져올 수도 있기 때문에 적절한 감시와 통제가 필요합니다.

핵폭탄이 바로 그런 경우라고 할 수 있지요. 2차 세계대전이 일어나기 한 달 전, 나치 독일의 과학자들이 핵분열에 성공해 엄청난 위력의 새로운 무기를 만들 위험성이 높아졌다는 사실을 안 아인슈타인은 대통령 루즈벨트에게 대응책을 세워야 한다고 탄원서를 올렸어요. 그 결과 미국에서는 핵폭탄 개발을 위한 '맨해튼 계획'이 시작되었고, 그렇게 만들어진 핵폭탄은 여러분이 잘 아는 것처럼 일본의 히로시마와 나가사키에 투하되어 30만 명이 살던 도시를 순식간에 거대한 잿더미로 만들었지요. 아인슈타인이 질량-에너지 공식을 발견했을 때만 해도, 또 루즈벨트에게 탄원서를 보냈을 때만 해도 이것이 핵폭탄 개발의 원리가 되고, 그토록 무섭고 강력한 힘을 가진 무기가 개발되리라고는 예상하지 못했을 거예요.

핵폭탄이 만들어진 후 되돌릴 수 없는 일이 발생한 것처럼, 과학의 발달은 인류의 삶 전체를 위협할 수도 있어요. 그래서 새로운 과학 기술을 '판도라의 상자'라고 부르기도 하지요. 어떠한 재앙을 가져올지 예측할 수 없기 때문이에요. 따라서 과학의 발달이 인류에게 해를 입히지 않도록 우리 모두가 감시자의 역할을 하는 한편 정부, 더 나가 범국가적인 차원에서의 통제가 반드시 필요합니다.

오늘날 과학은 급속도로 발전하고 있으며 넘어서는 안 되는 경계까지 그 범주를 넓혀 가고 있어요. 인간 복제 역시 인간의 존재를 위협하는, 넘어서는 안 되는 경계에 해당하므로 허용해서는 안 됩니다.

찬성 인간 복제 기술은 불임 문제를 해결하는 데 큰 도움이 돼. 체세포 복제가 가능하기 때문에 생식세포에 문제가 있어도 아이를 가질 수 있거든. 아이를 원하는 건 인간의 본능이야. 게다가 난치병 극복에도 도움을 주기 때문에 개발을 미룰 이유가 없어.

반대 복제 기술이 불임 문제를 해결할 수 있는 것은 맞아. 하지만 복제 과정에서 버려지는 인간배아 문제도 심각하고, 복제양 돌리의 사례를 통해 알 수 있듯이 안전성에도 문제가 많아. 그런 불완전한 기술로 사람의 생명을 다루는 건 너무 위험해.

인간 복제를 허용하면 인간의 가치와 존엄성이 크게 훼손될 거야. 인간은 세상에서 단 하나뿐인 존재라서 특별하고 소중한 건데, 마치 공장에서 찍어 내는 제품처럼 마음대로 만들어 낼 수 있다면 가치가 떨어질 수밖에 없어.

찬성 동일한 유전자를 가졌다고 해서 같은 사람인 것은 아니야. 한 사람이 지닌 고유한 성질이나 가치는 유전자를 통해서만 결정되는 게 아니라 환경의 영향을 많이 받기 때문이야. 쌍둥이도 같은 유전자를 지녔지만 서로 다른 사람인 것처럼 복제 인간도 마찬가지야.

인류는 새로운 과학 기술을 통해 인간 한계에 도전해 왔어. 인간 복제 기술은 불임 문제는 물론이고 난치병 극복에도 큰 도움이 되기 때문에 거부할 이유가 없어. 잘못된 용도로 쓰일까 봐 지레 겁을 먹고 인류에게 혜택을 가져다 줄 기술을 포기하는 건 어리석은 일이야. 따라서 인간 복제를 허용해야 해.

반대 통제되지 않는 과학은 재앙을 불러오는 판도라의 상자와 같아. 불임 문제나 난치병 극복에 도움을 준다고 하지만 과연 그런 일에만 쓰일까? 의학적 목적에서 시작된 동물 복제가 애완견 복제처럼 상업적인 목적으로 이용되는 것과 같이 결국 인간 복제도 다른 목적으로 이용될 거야. 오늘날 과학은 지켜야 할 선을 넘어서서 인간의 존재 자체를 위협하고 있어. 따라서 복제 기술을 허용해서는 안 돼.

생각 더하기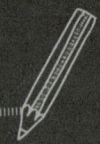

1. 두 글에서 주장의 근거를 찾아 각각 요약해 봅시다.

"인간 복제를 해도 된다."

	그렇다(찬성)	아니다(반대)
근거		

2. "인간 복제를 해도 된다."라는 주장에 대해 여러분은 찬성하나요, 반대하나요? 책에 나와 있는 내용 외에 주장을 뒷받침할 수 있는 근거를 더 찾아봅시다. 상대편의 주장을 어떻게 반박할지도 생각해 봅시다.

3. 아래의 글을 읽고 '안나의 고소'에 대해 어떻게 생각하는지 자신의 의견을 말해 봅시다.

"더 이상 부품으로 살 수는 없다."

세상의 모든 아기는 태어나지만, 나는 언니를 위해 만들어졌어요. 만일 언니가 백혈병 진단을 받지 않았다면 나는 세상 밖으로 나오지 못했을 거예요. 어느 날 아픈 언니 앞에서 엄마는 "난 내 아이를 죽게 놔 두지 않는다."고 결심했어요. 그래서 언니의 유전자와 일치하는 맞춤형 아기를 낳기로 결정한 거예요.

나는 아빠의 정자와 엄마의 난자를 인공으로 수정하여 수정란이 생성되자마자 세포를 떼어 냈어요. 언니의 세포와 조직 적합성이 일치하는지를 살펴봐야 했거든요. 수정란 4개 가운데 1개가 일치했어요. 만일 조직형이 일치하지 않았다면 나는 수정란 상태에서 폐기됐을 거예요. 어쨌든 다행스럽게 언니와 조직형이 일치해 엄마의 자궁에 착상될 수 있었어요.

내가 태어나던 날 엄마와 아빠는 기뻤을 거예요. 그것이 출산의 기쁨이었는지, 언니 치료의 희망 때문이었는지는 모르지만요. 그리고 얼마 뒤부터 나는 제대혈과 백혈구, 줄기세포, 골수 등 내 몸의 모든 것을 언니에게 주어야만 했어요.

나는 늘 언니를 위해 존재해야 한다고 다짐했어요. 하지만 어느 날 생각했어요. 언니를 위해 아낌없이 주는 나의 몸은 어떻게 될 것인지를 말이에요. 나는 내 몸의 권리를 찾기 위해 엄마와 아빠를 고소할 수밖에 없었어요.

여러분은 나의 고소를 어떻게 생각할지 궁금합니다. 태어나지 말아야 할 존재의 이유 없는 반항이라고 생각하는지요? 아니면 그렇게라도 태어난 것을 감사하며 언니를 위해 살아야 하는 것인가요?

『재미있는 미래 과학 이야기』 58~59p (가나출판사, 2013년) 중에서

맞춤아기를 허용해야 할까?

"

그래!
맞춤아기를 허용해도 돼

아니야!
맞춤아기를 허용해서는 안 돼

"

생각 열기

껑다리는 농구 시합에 져서 풀이 죽은 땅딸보를 위로했어요.
"힘 내! 너 때문에 진 거 아니잖아. 즐거웠잖아. 그거면 됐어!"
땅딸보가 한숨을 쉬었어요.
"멋진 척하지 마. 에휴, 내 키가 조금만 더 컸다면 아까 그 골 넣고 이겼을 텐데."
껑다리가 맞장구쳤어요.
"조금 아쉽긴 해. 그래도 넌 짜리몽땅한 것치고 농구를 참 잘해. 인정!"
땅딸보는 엄지손가락을 치켜드는 껑다리를 째려봤어요.
"야, 그거 칭찬이냐 욕이냐? 이럴 땐 나를 작게 낳아 주신 부모님이 정말 원망스러워. 난 나중에 내 자식은 꼭 키 큰 맞춤아기로 낳을 거야."
껑다리가 놀라서 말했어요.
"말도 안 돼! 어떻게 자식 키를 부모 마음대로 정하냐? 만약 니 2세가 농구를 싫어하고 승마 선수가 되겠다면 어쩔래? 승마는 키가 작아야 유리하다고!"
땅딸보가 대답했어요.
"야, 키가 큰데 어떤 바보가 승마를 하려고 하겠어? 농구를 하지."
껑다리가 고개를 갸우뚱하며 말했어요.
"너도 키가 작지만 농구 좋아하잖아? 미래는 모르는 거라고."

1. 꺽다리와 땅딸보의 말 중에 더 공감이 가는 것은 누구의 말인가요?

2. 부모님께 물려받은 자신의 외모, 성격, 재능과 장단점들 중에 마음에 들지 않는 것들을 찾아보고 이를 극복할 방법을 생각해 봅시다.

"그래, 맞춤아기를 허용해도 돼"

부모는 자녀의 미래를 성공으로 이끌 책임이 있어

아빠의 정자와 엄마의 난자를 시험관에서 만나게 하면 수정란이 되고, 수정란은 곧 분열해 배아가 됩니다. 배아는 일주일 정도면 엄마의 배 속에 자리를 잡아 태아가 되고 열 달 후면 세상 밖으로 나오지요. 그런데 배아가 엄마 배 속에 자리를 잡기 전, 우리에겐 배아의 유전자를 검사하고 바꿀 수 있는 놀라운 기회가 있습니다. 어떻게 바꿀 수 있냐고요? 머리도 좋게, 성격도 좋게, 키도 크게 바꿀 수 있지요.

벌써 2001년에 버지니아대학교의 스크래블 교수 연구팀은 멜라닌

색소의 생산을 담당하는 유전자를 추가해 쥐의 피부색을 바꾸었어요. 생명공학 덕분에 평범한 유전자를 머리가 좋아지는 유전자, 적극적이고 활기찬 성격을 만들어 주는 유전자, 키가 크는 유전자로 바꿔 넣을 수 있는 거예요. 자, 여러분이 부모라면 이런 기회 앞에서 어떤 선택을 할 건가요? 앞으로 내 자식이 공부도 잘하고 운동도 잘하고 돈도 많이 벌 수 있게 해 줄 건가요, 아니면 이건 뭔가 꺼림칙하니까 그냥 되는대로 아무렇게나 태어나게 할 건가요?

누구나 한 번쯤 "도대체 나를 왜 이렇게 낳아 주셨나?" 하고 부모님을 원망한 적이 있을 거예요. 머리를 조금만 더 좋게 낳아 주셨더라면 학원에 다니느라 이렇게 힘들지 않아도 될 텐데, 얼굴을 조금만 더 예쁘게 낳아 주셨더라면 당장 연예인이 될 텐데, 성격을 조금만 더 좋게 낳아 주셨더라면 따돌림 당할 일도 없을 텐데……. 부모님도 여러분의 이런 마음을 너무도 잘 알고 있습니다. 그래서 최선을 다해 여러분을 도와주지요. 힘들게 번 돈으로 여러분을 비싼 학원에 보내고, 키가 큰다는 한약도 먹이고, 쌍꺼풀 수술도 시켜 주고요.

사람들은 자식을 위해 아낌없이 희생하는 부모를 존경하고 부러워해요. 인류의 역사가 시작되고 부모들은 수천 년 동안이나 자식이 행복하고 성공적인 삶을 살 수 있도록 아낌없이 지원해 왔어요. 유전공학을 이용해 자녀를 맞춤아기로 태어나게 하는 것은 옛날 부모들의 그런 노력과 전혀 다르지 않습니다.

　이미 지금 시대는 부모가 자녀의 삶을 계획하고 하나하나 챙겨 주지 않으면 성공하기 어려운 시대입니다. 어릴 때부터 어떤 학원을 다니고 어떤 공부를 얼마나 하며 어떤 책을 읽을지까지 엄마가 정해 주지요. 유전자 선택만 안 했지 자식의 인생을 설계하고 만들어 가고 있는 것은 매한가지예요. 그러니 아예 처음부터 맞춤아기를 계획해서 얼굴도 잘생기고 머리도 좋고 몸도 건강해서 얼마든지 성공할 수 있는 아기로 태어나는 것이 부모에게도 자식에게도 훨씬 낫지 않겠어요?

맞춤아기는 인간의 자율성을 빼앗지 않아

맞춤아기를 반대하는 사람들은 부모가 마음대로 자녀의 삶을 결정해서는 안 된다고 주장합니다. 인간은 누구나 자유롭게 자신의 미래를 선택할 권리가 있다면서요. 맞춤아기를 '디자인 베이비'라고 하면서 어떻게 사람을 옷이나 가구처럼 디자인할 수 있느냐고 흥분하지요. 하지만 이 말은 앞뒤가 전혀 맞지 않아요. 왜냐면 이 세상 어떤 인간이라도 자기의 유전적 특징을 골라서 태어나는 사람은 없기 때문이에요. 부모가 자녀를 디자인해서 자유를 빼앗는 게 아니라, 원래 인간에게는 자기의 유전자를 고를 자유가 없어요. 그냥 우연에 의해 태어난 것뿐이지요.

내가 원해서 지금과 같은 모습으로 태어난 게 아니라는 말이에요. 심지어 태어나고 싶어서 태어난 것도 아니고요. 그래서 우리의 운명이 결정되는 건 마치 신이 주사위를 던지는 일과 같다는 말도 있어요. 하지만 맞춤아기 덕분에 이제 더 이상 우리는 주사위 놀음에 휘둘릴 필요가 없습니다. 내 부모가 나를 얼마든지 멋지고 훌륭한 사람으로 만들어 줄 수 있었는데 망설이다가 그냥 주사위를 막 던져 '꽝'이 나왔다면 내 인생은 누가 책임지나요?

삶을 결정할 자유는 태어난 다음의 문제예요. 나는 가수가 되고 싶은데 부모님이 반대하는 경우를 생각해 볼까요? 사실 부모님은 내가 가수가 되기엔 너무 평범하니까 반대하는 거예요. 인기도 얻지 못하고 돈도 못 벌까 봐서요. 그래도 나에겐 삶을 결정할 자유가 있으니 가수가 되었다고 해 봅시다. 부모님 걱정대로 데뷔도 못하고 고생만 하고 있으면 나도 부모님도 얼마나 괴롭겠어요. 그런데 내가 맞춤아기라고 가정해 봐요. 나를 계획할 때 부모가 음악적 재능을 선택하지 않았을 수도 있어요. 하지만 적어도 머리가 좋아지는 유전자, 외모가 좋아지는 유전자는 반드시 골랐을 거예요. 가수가 되고 싶을 때 외모가 평범한 것보다 외모가 뛰어난 것이 당연히 유리하지 않겠어요?

우리가 어떤 삶을 어떻게 살지 결정할 때 몸이 약하고 머리가 나쁘고 외모가 평범한 것보다 건강하고 머리가 좋고 외모가 뛰어나다면 훨씬 더 많은 선택의 기회가 펼쳐집니다. 그러니 맞춤아기는 자유를 빼앗는 게 아니라 오히려 자유를 더

늘려 주는 거예요.

맞춤아기는 폭력과 차별을 불러오지 않아

사람들이 맞춤아기를 반대하는 중요한 이유는 맞춤아기가 우생학에 이용당할까 봐 겁나기 때문이에요. 제2차 세계대전을 일으킨 히틀러가 우생학을 좋아했고, 열등한 유대 민족이 우수한 독일 게르만 민족을 오염시킨다고 유대인들을 끔찍하게 학살했지요. 실제로 유대 민족은 열등하기는커녕 굉장히 뛰어난 민족인데도 말이에요.

맞춤아기는 우생학과 전혀 다릅니다. 우생학은 국가가 강제로 시민들의 결혼과 출산을 좌지우지하는 폭력이었어요. 하지만 맞춤아기는 자녀를 위해 부모가 자유롭게 선택하는 첨단 기술이에요. 누구도 정해진 인간형을 강요하지 않지요. 오히려 사람마다 개성이 다르기 때문에 다양한 맞춤아기를 선택하게 될 거예요. 자유를 강조했던 미국의 철학자 로버트 노직은 하나의 디자인을 강요하는 게 아니라 부모들이 아이를 디자인할 수 있게 아예 유전자 슈퍼마켓을 만들자고 제안했어요. 부모

우생학
유전법칙을 응용해서 우수한 민족, 우수한 국민을 만들겠다는 학문이에요. 진화론을 발표한 다윈의 조카 골턴이 만들었지요. 골턴은 결혼을 가려서 하면 몇 세대 안에 우수한 인종을 만들 수 있으니 우수한 사람끼리만 결혼해야 한다고 주장했어요.

들의 자유로운 결정으로 미래에는 다양하고 뛰어난 인간들이 태어날 거라면서요.

맞춤아기를 반대하는 또 다른 이유는 맞춤아기가 차별을 더 심하게 만들까 봐 걱정해서예요. 부자만 맞춤아기를 만들고 가난한 사람은 맞춤아기를 못 만들 거라면서요. 하지만 이것은 원인과 결과를 착각하는 거예요. 차별은 왜 생겼나요? 지능이 낮거나 장애가 있어서 제대로 일하지 못하니까 사람들이 싫어해서 생겼지요. 그래서 자꾸 가난해지고, 가난하니까 자식들을 잘 키울 수 없고, 결국 자식들은 더 가난해지는 거예요.

사회가 나서서 도와줘야 한다고요? 사회가 도와주는 데엔 한계가 있어요. 도와준다고 해도 임대 주택을 마련해 주고 생활비를 보태 주는 게 전부예요. 문제가 있다면 원인을 제거하는 게 우선이에요. DNA의 이중나선 구조를 밝혀 낸 과학자 왓슨은 "초등학교에서 진짜 힘들어 하는 하위 10%는 그 원인이 무엇이겠는가? 나는 지능을 떨어뜨린 그 유전자를 제거해서 그들에게 도움을 주고 싶다."라고 말했어요. 맞춤아기는 가난하고 장애가 있는 사람들도 자신의 아이들을 똑똑하고 튼튼하게 낳을 수 있게 만들어 줄 거예요. 차별을 만드는 게 아니라 오히려 차별이 사라지도록 만들어 주는 거지요.

정의로움을 강조했던 미국의 철학자 로널드 드워킨은 "미래 세대의 인류가 더 오래 살고, 더 재능과 성취가 풍성한 사람으로 살 수 있

게 만들려는 생각에 잘못된 점은 없다."라고 말했어요. 눈을 감고 한 번 상상해 보세요. 짜증 내는 친구, 폭력적인 친구, 사고 치는 친구가 없는 교실을 말이에요. 너무 평화롭고 즐겁지 않나요? 어떤 부모가 자기 자식을 폭력적이고 성격 나쁜 맞춤아기로 만들겠어요? 맞춤아기로 인해 미래에 지구에는 폭력과 범죄와 차별이 사라지고 건강하고 지혜롭고 예의 바른 인간들만이 살게 될 거예요. 어쩌면 맞춤아기는 과학기술이 인류에게 주는 최고의 선물이 아닐까요?

"아니야, 맞춤아기를 허용해서는 안 돼"

부모에겐 자녀의 인생을 선택할 권리가 없어

어느 날 갑자기 엄마 아빠가 학원 시간표와 공부 계획표를 내밀며 "우리 생각에 너는 의사나 변호사 둘 중에 하나가 되면 좋을 것 같아. 자, 지금부터 준비하자!"라고 말한다고 해 봐요. 여러분은 어떤 기분이 들까요? 초등학생인데 벌써 이러는 게 황당하기도 하고, 부모님 마음대로 미래를 결정한다는 사실에 화가 나기도 할 거예요.

그래요. 인간에겐 누구나 자기 인생을 자기가 선택하고 결정할 권리가 있습니다. 내 인생은 내가 사는 거지 부모님이 대신 살아 주는 게 아니니까요. 그런데 맞춤아기는 인간이 자기 삶을 선택할 권리를 빼앗아 버립니다. 아이의 외모는 물론 지능과 성격까지 부모가 미리 결정해 버리니까요.

머리도 좋게 만들어 주고, 외모도 멋지게 만들어 주고, 성격도 좋게 만들어 줬으니 무조건 감사할 일이지 뭐가 문제냐고요? 가수가 되도록 유전자를 조작했다면 당연히 가수가 되고 싶어 하지 다른 미래를 꿈꾸지 않을 거라고요? 절대 그렇지 않습니다. 인간의 삶은 유전자의 영향을 받지만 자기가 처한 환경이나 주변 사람들과의 관계에도 엄청난 영향을 받기 때문이에요.

인간은 자신의 유전적 특징대로만 살지 않아요. 부모와 형제는 자신과 유전적 특성이 가장 비슷한 사람입니다. 하지만 대부분의 사람들이 자신의 부모 형제와 전혀 다른 인생을 꾸려 나가지요. 심지어 음악적 재능이 뛰어난데 화가가 되기도 하고, 수학적 재능이 뛰어난데 여행가가 되기도 해요. 장애가 있는데도 운동선수를 꿈꾸고, 노력에 노력을 더해 그 꿈을 이루기도 합니다. 그럴 수 있는 까닭은 우리의 삶이 처음부터 결정된 것이 아니라 미래를 향해 활짝 열려 있기 때문이에요. 그런데 맞춤아기는 어떤가요? 이미 정해진 모양으로 태어나 우리 삶을 그 모양 틀에 끼워 맞춰야 해요. 맞춤아기는 인간이 스스로 인생을 만들어 나갈 권리를 박탈하는 일이에요.

지금도 많은 부모들이 성공이라는 이름으로, 사랑이라는 이름으로 자녀의 인생 계획을 미리 정해 놓고 아이들을 간섭하고 다그칩니다. 여러분도 부모님이 미리 정해 놓은 기준에 맞춰 공부할 때의 그 숨 막히는 기분을 누구보다 잘 알 거예요. 맞춤아기는 평생 그런 기분을 느껴야 하지 않을까요? 태어나기 전부터 빈틈없이 인생 계획을 정해 버리면, 나중에 정해진 길 말고 다른 길을 선택하기가 지금보다 훨씬 더 어려울 테니까요.

부모가 내 자식을 최고의 가수로 만들고 싶다는 생각에 음악에 관련된 유전자를 조작했는데 정작 태어난 아이가 가수가 되기 싫다면 어떻게 되겠어요? 아이는 어떻게 살아야 할지 몰라 엄청나게 방황하게 될 거예요. 맞춤아기라면 그런 고민도 없이 정해진 대로만 살다 행복하게 죽을 거라고요? 그건 인간인 아니라 로봇이나 인형과 다를 바 없는 삶이에요. 그런 삶이 어떻게 행복하겠어요?

맞춤아기는 폭력과 차별을 불러와

유전자를 조작해서 우수한 인간을 만들겠다는 생각은 이미 예전에도 있었어요. 바로 우생학이죠. 지금으로부터 백 년 전에는 유전자 끼워 넣기 같은 첨단 기술이 없었기 때문에 결혼을 금지하거나 강제로 불임 수술을 시키는 방법으로 유전자를 걸러냈지요. 1907년 미국 인디애나 주에서는 정신 질환자, 감옥에 있는 범죄자, 가난한 극빈자에게 강제 불임을 규정하는 법을 만들었어요. 이 법이 문제가 있다는 사람들의 항의에 미국 연방대법원의 홈스 판사는 다음과 같은 말로 합헌 판결을 내렸지요. "부적격 자손이 죄를 지어 형 집행을 기다리거나 지적 능력이 너무 떨어져 굶는 것을 보느니, 차라리 누가 봐도 부적격자인 사람이 대를 이어 태어나는 일을 사회가 막아야 한다. 그게 사회 전체를 위해서 낫다."

더 나은 것, 우수한 것만을 맹목적으로 쫓다 보면 반드시 더 나쁜 것, 열등한 것을 모조리 없애 버리려는 욕망이 커지게 됩니다. 이 무서운 생각을 실제로 실천한 사람이 바로 히틀러예요. 그는 1933년 정권을 잡고 불임법을 공포하고, 결국에는 유대인 대량 학살이라는 끔찍한 일을 저지르고 말았지요. 히틀러가 열등한 민족이라며 없애려 했던 유대인이 실은 우수한 민족이었다는 사실을 잊지 말아야 해요.

맞춤아기는 자기 입맛에 맞는 인간만을 남기겠다는 폭력적인 생

각과 동시에 지금보다 더 심한 차별이 존재하는 세상을 불러옵니다. 20여 년 전에 나온 영화 〈가타카〉에는 직업조차 유전자 검사를 통해 결정하고, '부적격자'는 결코 좋은 직업을 가질 수 없는 미래가 나옵니다. 태어날 때부터 죽을 때까지 차별을 벗어날 수 없는 불평등한 세상은 영화 속 이야기가 아니라 현실이 되고 말 거예요.

  자신의 노력과는 상관없이 태어날 때부터 외모, 지능, 재능이 우수한 인간과 열등한 인간으로 나뉘는 세상은 너무나 불공평한 세상이에요. 이미 오늘날 부자 부모들은 큰돈을 들여 자식의 미래를 바꾸고 있어요. 좋은 옷과 성형수술로 외모를 가꿔 주고 비싼 학원과 과외, 해외 연수로 어떻게든 좋은 대학에 들여보내지요. 그리고 자신들이 모은 부와 권력을 자기 자식에게만 물려주려고 법을 바꾸고 기회를 차단하지요. 특권층들이 다른 사람들이 올라올 사다리를 걷어차 버리고 있는 거예요.

그러나 맞춤아기는 그 사다리마저 없는 세상이에요. 맞춤아기를 만드는 데 돈이 많이 들기 때문에 가난하고 힘없는 사람들일수록 맞춤아기를 선택할 수 없을 테니까요. 결국 가진 사람은 더 많이 갖고 못 가진 사람은 더 못 갖는 구조가 되어 지금보다 빈부 격차가 훨씬 더 커질 거예요. 유전자에 따라 삶이 나뉘는, 옛날 노예제나 신분제 사회보다 더 심한 차별이 존재하는 계급사회가 되는 것이지요.

맞춤아기는 인류의 미래를 회색 빛 사막으로 만들 거야

원래 맞춤아기는 혈액암처럼 불치병을 앓고 있는 형제를 위해 시작되었습니다. 보통의 방법으로는 치료 비용도 어마어마하게 비싸고 치료 기간도 길고, 무엇보다 나을 가능성이 없는 아이들을 살리기 위한 마지막 방법이었지요. 그래서 유전자 검사를 허용해 형제를 살릴 수 있는 유전자를 가진 동생을 골라서 낳았던 거예요.

그러나 유전자를 검사하고 배아를 고르고 심지어 유전자를 조작

하는 게 가능하다는 사실을 깨닫게 된 사람들은 욕심을 이기지 못하고 자식을 입맛에 맞게 만들고 싶어 합니다. 평범한 사람조차도 자식의 미래를 위해서 맞춤아기를 고민하고, 생명공학 기업들은 이런 부모의 불안감을 돈벌이에 이용하기 위해 맞춤아기를 허용하라고 주장하고 있어요.

그 결과 세상은 어떻게 달라질까요? 아무런 문제가 없는데도 자연스럽게 임신하는 게 아니라 몸 밖에서 인위적으로 난자와 정자를 결합시키고, 부모 멋대로 좋다는 유전자를 끼워 맞추겠지요. 결국 모두가 아기를 실험실과 공장에서 생산하게 되는 거예요. 사랑하는 사람을 닮은 아이를 낳아 정성스럽게 키워 오던 인류가 갑자기 자연스러운 사랑과 생명의 연결을 끊어 버리는 것이지요. 혹시라도 태어난 맞춤아기가 부모 마음에 들지 않는다면 어떻게 될까요? 쇼핑하는 것처럼 유전자를 골라 탄생시켰기 때문에 다시 마음에 드는 다른 아기를 만들려 하겠지요. 부모 자식 관계는 장난감이나 물건을 소유하듯 지금과 전혀 다른 모습으로 변하고 말 거예요.

더구나 부모들이 과연 어떤 맞춤아기를 선택할까요? 대부분 하얀 피부, 큰 키, 커다란 눈과 오똑한 코를 가진 외모를 선택하겠지요. 또 독특하고 개성 넘치는 성격보다는 무난하고 원만한 성격을 선택할 거예요. 게다가 너도나도 성공한 직업, 돈 많이 버는 직업을 가질 수 있는 유전자를 선택하겠지요. 그 결과 지구상에는 어디를 가도 얼굴도, 성격도, 심지어 재능도 비슷비슷한 인간들만 존재할 거예요.

이 세상에 나와 비슷한 사람들만 존재한다면 그 세상은 얼마나 재미없고 갑갑할까요? 어쩌면 그게 재미없고 갑갑한 줄도 모르고 꾸역꾸역 주어진 대로 살아가겠지요. 그렇게 수십억 명의 똑같은 사람들이 똑같은 방식으로 살아가는 모습을 상상하면 섬뜩한 기분마저 듭니다. 지구는 생동감 넘치는 생명의 별이 아니라 칙칙한 회색 별이 되고 말 거예요. 미래를 생각한다면 결코 맞춤아기를 허용해서는 안 됩니다.

찬성 부모는 자식을 위해 최고의 삶을 준비해 줄 의무가 있어. 더구나 요즘은 어릴 때부터 부모가 자녀의 삶을 계획하고 지원해 주지 않으면 성공하기 힘든 시대야. 그럴 바에는 처음부터 맞춤아기를 계획해 좋은 조건을 가지고 태어나는 게 부모나 자식 모두에게 최선의 선택 아닐까?

반대 인간은 누구나 자신의 삶을 스스로 선택하고 결정할 권리가 있어. 아무리 좋은 조건이라고 해도 태어나기도 전에 부모가 외모, 지능, 성격까지 미리 결정한다는 건 개인의 자율권을 침해하는 거야. 성공적인 삶을 산대도 그게 과연 행복할까? 그건 인형과 다를 바 없는 삶이야.

맞춤아기는 차별과 폭력을 불러올 거야. 유전자를 조작해서 원하는 아기를 얻는 맞춤아기는 사회적으로 우수한 사람들만 남기겠다는 우생학과 다를 바 없어. 나치가 유대인들에게 저지른 끔찍한 일들을 생각해 봐. 게다가 노력과 상관없이 태어날 때부터 우수한 아이와 열등한 아이가 정해져 있다는 건 너무 불공평하지 않아?

찬성 우생학과 맞춤아기는 엄연히 달라. 우생학은 국가가 강제로 시민들의 결혼과 출산을 결정한 폭력이었지만 맞춤아기는 부모가 자녀를 위해 자유롭게 선택하는 첨단 기술이야. 오히려 다양하고 뛰어난 아이들이 많아져서 차별과 폭력이 더 줄어들 거야.

맞춤아기는 차별과 폭력을 없앨 수 있어. 차별은 열등한 사람들이 생존경쟁에서 밀려나기 때문에 생기는 거야. 그런데 맞춤아기를 하면 모두가 똑똑하고 예쁘고 좋은 성격을 가질 수 있으니까 차별 자체가 사라지게 돼. 맞춤아기야말로 과학이 인류에게 주는 최고의 선물이야. 따라서 맞춤아기를 반대할 필요가 없어.

반대 맞춤아기를 허용해선 안 돼. 맞춤아기는 부모와 아기 사이에 연결된 사랑의 끈을 끊어 내는 거야. 누구도 자연스럽게 임신하지 않는 미래, 시험관 공장에서 생산되는 맞춤아기, 똑같은 외모, 똑같은 성격, 똑같은 지능을 가진 인간들이 모여 사는 지구를 상상해 봐. 좀 섬뜩하지 않아? 신의 영역을 침범하겠다는 오만함을 버리고 생명윤리를 회복해야 해.

생각 더하기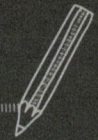

1. 두 글에서 주장의 근거를 찾아 각각 요약해 봅시다.

"맞춤아기를 허용해도 된다."

	그렇다(찬성)	아니다(반대)
근거		

2. "맞춤아기를 허용해도 된다."라는 주장에 대해 여러분은 찬성하나요, 반대하나요? 책에 나와 있는 내용 외에 주장을 뒷받침할 수 있는 근거를 더 찾아봅시다. 상대편의 주장을 어떻게 반박할지도 생각해 봅시다.

3. 부모님이 나를 맞춤아기로 만들었다면 과연 어떤 유전자를 선택했을지 상상해 봅시다. 그 맞춤아기가 커서 내 나이가 되었다면 지금의 나와 어떻게 다를지 비교해 봅시다.

<맞춤아기>

잘생김, 영리함

■ 맞춤아기의 현재 모습

• 공부를 잘하고 재미있어 한다.

•

•

•

■ 나의 현재 모습

• 공부보다 게임이 더 재미있다.

•

•

•

4

안락사를 허용해야 할까?

"

그래!
안락사를 허용해도 돼

아니야!
안락사를 허용해서는 안 돼

"

생각 열기

해피가 병원에 간 지 오늘로 한 달째입니다. 별다른 차도도 없는데 병원에서 혼자 지내는 해피가 안쓰러웠던 행복이는 해피를 집으로 데려가자고 말했어요. 하지만 엄마와 희망이는 반대를 했지요.

"집으로 데려가면 해피는 죽을지도 몰라. 이렇게라도 해피를 보는 게 좋지 않니?"

"엄마 말이 맞아. 행복이 넌 해피가 죽어도 상관없다는 거야?"

희망이의 핀잔에 행복이는 속이 상했어요.

"나한테도 해피는 소중하거든! 하지만 해피 표정을 좀 봐. 우리도 없는 곳에서 혼자 너무 힘들어 하고 있잖아."

둘의 다툼을 지켜보던 할머니께서 혀를 끌끌 차며 말씀하셨어요.

"나도 행복이랑 같은 생각이야. 저렇게 고통 받으면서 사는 게 무슨 의미가 있니? 내가 만약 저렇게 된다면, 혹시 살 수 있을지 모른다는 희망만으로 치료를 계속하지 말아다오. 나는 병원이 아니라 가족들이 곁에 있는 집에서 행복하게 죽고 싶다."

"무슨 그런 말씀을 하세요?"

어머니께서 놀라 말씀하셨어요.

해피를 위해서라도 치료를 중단해야 한다고 생각했던 행복이도 할머니라면 그렇게 하기 힘들 것 같다는 생각이 들었어요.

1. 행복이와 할머니의 생각, 희망이와 어머니의 생각이 서로 어떻게 다른가요?

2. 이와 비슷한 경험이나 생각을 해 본 적이 있나요? 그렇다면 언제 그랬는지 말해 봅시다.

"그래, 안락사를 허용해도 돼"

개인의 결정권은 존중해야 해

여러분은 안락사라는 말을 들어 본 적 있나요? 안락사라는 말의 뜻은 '안락한 죽음', 즉 편안하게 죽는다는 의미예요. 사람이라면 누구나 편안한 죽음을 맞이하길 원해요. 그런데 왜 안락사를 허용하느냐 마느냐를 두고 사람들의 의견이 갈라지는 걸까요? 그건 바로 안락사란 용어가 '치료 가망성이 없이 심각한 고통에 시달리며 생명을 유지하고 있는 환자가 생을 마칠 수 있게 해 주는 것'이라는 의미로 사용되기 때문이에요.

오늘날에는 의학의 발달로 과거에 비해 많은 병을 치료할 수 있게 되었지만 아직도 치료 방법을 찾지 못했거나 치료 시기를 놓쳐 고통받는 사람들이 많아요. 그런데 이들 중에는 어떤 치료를 해도 반응을 보이지 않고, 가까운 시일 내에 사망할 것으로 예상되는데도 인공호흡기나 심폐소생술 등에 의지해 생명을 이어 가는 환자들도 많아요.

이러한 연명 치료에 대해 대부분의 사람들은 부정적인 반응을 보입니다. 한국보건사회연구원의 '2014년도 노인실태조사' 보고서에 따르면 의식이 없거나 생명을 유지하기 어려운데도 죽음을 미루려고 시행하는 연명 치료에 대해 65세 이상 노인의 88.9%가 반대를 했다고 해요. 찬성 의견을 낸 사람은 불과 3.9%에 그쳤고요. 이렇게 많은 사람들이 연명 치료를 거부하는 이유가 뭘까요? 가장 큰 이유는 보다 인간다운 환경에서 품위 있는 죽음을 맞이하고 싶기 때문일 거예요.

평균수명이 짧았던 과거에는 오래 사는 것이 가장 큰 복이자 소망 중 하나였습니다. 그러나 지금은 단순히 오래 사는 것에서 삶의 질을 더 중요하게 여기는 쪽으로 생각이 바뀌고 있어요. 그래서 2002년 네덜란드를 시작으로 벨기에, 스위스, 독일, 일본, 캐나다 등 세계 여러 나라에서도 안락사를 법적으로 허용하고 있지요. 이들 나라에서 안락사를 법으로 허용하는 이유는 인간에게 인간으로서의 존엄과 가치 및 행복을 추구할 권리가 있다는 것을 인정하기 때문입니다.

　인간으로서의 존엄과 가치를 가지며 행복을 추구할 권리는 우리나라 헌법에서도 보장하고 있는 기본권이에요. 인간의 존엄과 가치는 인간다운 삶을 통해 유지할 수 있고, 인간다운 삶은 행복을 추구하는 과정에서 실현할 수 있어요. 그런데 의식조차 없이 인공호흡기에 의지해 간신히 목숨을 이어 가는 상태를 과연 행복하다고 할 수 있을까요? 어떻게 살 것인지 선택할 수 있는 권리가 있다면 어떻게 죽을 것인지 선택할 수 있는 권리도 당연히 있어야 하지 않을까요?
　자신의 삶에 대한 권리는 다른 사람이 아닌 자기 자신에게 있고, 어떻게 사느냐 만큼 어떻게 죽느냐 역시 중요한 문제입니다. 따라서 인간으로서의 품위를 지키며 살다가 죽고 싶은 사람들의 권리, 존엄하게 죽고 싶은 스스로의 선택과 결정권을 존중해 줘야 마땅합니다.

가족들의 부담을 덜 수 있어

여러분도 가족 중 누군가가 아팠던 경험을 한 적이 있을 거예요. 가족 중 누군가가 아프면 가족들은 모두 빨리 낫기를 바라며 정성껏 간호를 하지요. 그런데 며칠 앓다가 낫는 것이 아니라 몇 년째 나을 가망이 없는 병으로 고생하고 있다면 어떨까요? 기쁜 일이 있어도 아픈 가족에 대한 걱정으로 인해 마음껏 즐거울 수 없고, 더 나빠지지는 않을까 하는 걱정에 하루도 마음 편히 지낼 수 없을 거예요.

그뿐만이 아니에요. 치료를 포기하지 않는 이상 계속해서 병원비나 간병비가 들어가야 하기 때문에 경제적으로도 큰 부담이 됩니다. 2016년 현재 간병인을 고용하는 데 들어가는 비용은 한 달에 약 280만 원 정도라고 해요. 정말 엄청난 돈이 들어가지요. 그래서 대다수의 환자들이 간병인을 두지 못하고 가족들이 직접 환자를 돌보는 경우가 많아요. 문제는 투병 기간이 길어질수록 환자는 물론이고 가족들이 겪는 신체적, 정신적 고통이 너무 크다는 거예요.

2012년 한 시민 단체의 조사에 따르면 가족 간병 경험이 있는 사람 중 81.2%가 허리, 무릎, 어깨 등의 관절 통증 및 호흡기 관련 감기 등의 다양한 질환을 경험했다고 응답했고, 2011년 국립암센터가 전국의 암환자와 보호자를 대상으로 실시한 설문 조사에서도 간병으로 인해 보호자의 82.2%가 우울 증상을 경험하며, 17.7%는 자살 충동 경험까지 있는 것으로 나타났다고 해요.

2016년 4월, 오랫동안 전신마비 남편의 병간호를 하던 아내가 "너무 힘이 들어서 먼저 간다."라는 유서를 남기고 자살을 시도한 일이 있었어요. 얼마나 힘들었으면 그런 극단적인 선택을 했을까요?

'긴 병에 효자 없다.'는 옛말처럼, 오랜 기간 투병 생활을 하는 환자의 보호자나 가족들이 겪는 고통은 상상을 초월합니다. 치료비로 인한 경제적 부담은 빈곤의 원인이 되어 가족 구성원 전체에게 영향을 미치고, 이는 가정불화나 가정의 붕괴로 이어지기도 하지요. 뿐만 아니라 환자를 돌보느라 정상적인 생활이 불가능해지기 때문에 그로 인한 스트레스도 엄청납니다.

물론 환자가 건강을 회복할 수만 있다면 힘들어도 견뎌 낼 수 있을 거예요. 하지만 살아날 가망이 전혀 없는 데다 환자나 보호자 모두에게 고통만 안겨 주는 상황인데도 생명은 소중하다는 이유로 무의미한 연명 치료를 계속해야만 할까요? 자신 때문에 사랑하는 사람이나 가족이 힘들게 살기를 바라는 사람은 없을 것입니다. 오히려 가족들에 대한 미안함으로 더 고통스러울 거예요. 안락사를 허용하면 이러한 심리적 부담감에서 벗어나 편안한 마음으로 자신의 죽음을 준비

할 수 있는 한편, 기약 없이 고통 받고 있는 가족들에게도 새로운 삶을 살 수 있는 기회를 줄 수 있어요.

합법적 장치를 마련하면 돼

안락사를 법적으로 허용하면 악용될 가능성이 있다며 반대하는 사람들이 있어요. 처음에는 환자의 고통을 덜어 주려는 선한 의도에서 시작하더라도 나쁜 사람이나 집단에 의해 이용될 가능성이 있다는 것이지요. 그러나 이는 쓸데없는 걱정이에요. 안락사의 허용 범위를 분명하게 정한 뒤 엄격하게 적용하면 악용되는 것을 충분히 막을 수 있기 때문이에요.

최근 안락사를 허용한 캐나다는 안락사가 다른 목적이나 타인과 사회의 강요에 의해 이루어지지 않도록 아래와 같이 구체적인 조항을 만들었어요.

1. 캐나다 국가 의료 혜택을 받을 수 있는 자여야 한다.
2. 정신 질환이 없는 18세 이상의 성인이어야 한다.

3. 그 정도가 심각하거나 치료가 불가능한 질병 또는 장애를 앓아야 한다.
4. 병세가 "치유 불가능한 악세"에 있어 지속적이거나 참기 힘든 고통을 겪고 있어야 한다.
5. 환자는 두 명의 독립적인 증인의 입하 아래 안락사 동의서에 사인해야 한다.
6. 안락사 동의서 사인 후 15일간의 대기 기간을 가진다.

맨 처음 안락사 법안을 통과시킨 네덜란드 역시 의사와 법률 전문가 그리고 윤리 전문가로 구성된 5개 전문위원회를 통해 안락사를 위한 자격 요건을 충족했는지 검토해야만 안락사를 시행할 수 있도록 하고 있어요. 안락사가 악용되지 않도록 제도적으로 보완하고 있는 것이지요.

2016년 2월, 우리나라에서도 소극적 안락사를 허용하는 '웰다잉법'이 국회를 통과했어요. 1년 반 동안의 시범 기간을 거친 뒤 2018년부터 시행하고 있어요. 안락사를 가볍게 생각하거나 사회적으로 악용되지 않도록 절차를 강화하고 호스피스 제도와 의료 복지제도를 넓혀 나간다면 안락사가 악용되는 것을 충분히 막을 수 있지 않을까요?

"아니야, 안락사를 허용해서는 안 돼"

생명은 소중해

　우리 사회는 자살, 낙태, 살인, 사형 등에 대해 모두 부정적인 입장을 취하고 있어요. 비록 세상에 태어나지 않은 배 속의 생명이라도, 아무리 잔혹한 범죄를 저지른 사람이라도 함부로 죽이지 않는 것은 생명을 소중하고 귀하게 여기기 때문이에요. 어떤 이유에서든 이 세상에서 함부로 포기하거나 버려져야 할 생명은 없습니다. 안락사도 마찬가지예요.

　어차피 나을 가망도 없는 환자의 고통을 덜어 주는 것이 왜 잘못이냐고 생각하는 사람들도 있을지 모릅니다. 그러나 불완전한 의학적 판단에 기대어 성급하게 생명을 포기하는 것은 옳지 않아요. 더 큰 문제는 안락사 허용으로 인해 생명을 가볍게 생각하는 생명 경시 풍조가 사회 전체에 널리 퍼질 수 있다는 점입니다.

안락사

안락사에는 소극적 안락사와 적극적 안락사가 있어요. 소극적 안락사는 환자의 치료가 불가능하다고 판단될 때 더 이상 연명 치료를 하지 않는 것이고, 적극적 안락사는 심한 고통을 겪는 환자의 고통을 덜어 줄 목적으로 의사가 직접 약물을 주입해서 죽음에 이르게 하는 것을 말해요.

네덜란드에 이어 세계에서 두 번째로 안락사를 허용한 벨기에는 세계에서 유일하게 전 연령대의 안락사를 허용하는 나라예요. 만 17세 이하의 미성년자도 안락사 허용 대상에 포함되어 있는 것이지요. 그런데 이처럼 안락사에 너그러운 벨기에서 해가 갈수록 안락사 비율이 크게 증가하고 있다고 해요. 2011년에는 안락사를 선택한 사람들의 수가 1,133명이었는데, 불과 1년 뒤인 2012년에는 25% 증가해 1,432명이 안락사를 선택했지요. 이러한 통계는 안락사를 허용하면서부터 시작된 생명 경시 풍조가 사회 전체에 퍼져 있음을 보여 줍니다.

세계에서 최초로 안락사를 허용한 네덜란드도 사정은 비슷해요. 불치병 환자나 말기 환자가 아닌 경우에도 의사의 도움을 받아 자살을 선택하려는 사람들이 많아졌다고 하니까요. 이에 대해 왕립 네덜란드 의사협회장인 피터 힐더링은 "네덜란드에서는 안락사를 법으

로 정해 놓았기 때문에 죽음을 선택하기가 쉬워졌습니다. 이제 미끄러운 비탈길에 오른 것처럼 더 많은 사람들이 쉽게 죽음을 선택할 것입니다."라고 말하기도 했어요. 안락사 허용으로 인해 생명을 가볍게 여기는 현상을 꼬집은 것이지요.

안락사는 스스로의 결정에 의해 죽음을 선택한다는 점에서 자살과 같고, 의사의 처치에 의한 죽음이라는 점에서 살인과 다를 바 없습니다. 자살과 살인을 금지하면서 같은 인위적인 죽음인 안락사를 허용하는 것은 논리에도 맞지 않을뿐더러 생명에 대한 올바른 가치관을 가지고 도덕적 판단을 하는 데 혼란을 가져올 거예요. 따라서 어떤 이유에서든 안락사를 허용해서는 안 됩니다.

악용될 가능성이 있어

어떤 사람들은 안락사가 치료 가능성이 없는 환자의 고통을 줄여 줄 뿐만 아니라 그런 환자를 계속 돌봐야 하는 가족이나 사회의 부담을 줄여 줄 수 있다고 말해요. 하지만 그런 이유로 안락사를 허용하는 것은 매우 위험한 생각이에요. 이러한 생각이 생명을 가볍게 여기는 사회 분위기와 만나면 사회적 약자들의 생존권을 위협할 수도 있거든요.

특히, 노인들의 경우에는 더 심각해요. 의학의 발달로 고령화 사회가 되면서 노년층의 건강, 소외, 경제적 문제 등은 사회 공동체에 큰 부담이 되고 있어요. 때문에 노인 부양을 위한 세금 문제를 두고 논쟁이 벌어지기도 하지요. 이런 사회 분위기에서 안락사가 허용될 경우, 경제적 능력이 없는 노인들은 사회적으로 강요된 죽음에 이르게 될 가능성도 있어요. 안락사 허용이 현대판 고려장이 될 수도 있는 것이지요.

또한 안락사 제도를 악용한 질 나쁜 범죄가 늘어날 가능성도 큽니다. 사회 분위기가 날로 험악해지면서 유산이나 보험금을 노리고 부모를 살해하거나 사람의 신체 중 일부를 사고파는 등 끔찍한 범죄가 늘어나고 있어요. 그런데 이런 사회 분위기에서 안락사를 합법화시키면 어떻게 될까요? 이를 악용하려는 사람들이 훨씬 더 많아질 거예요.

더 나아가 안락사는 사회적 약자를 제거하는 수단으로 악용될 수 있는 위험성마저 있어요. 그 대표적인 예가 나치 독일의 'T-4작전'입니다. T-4작전은 인류를 유전학적으로 개량할 것을 목적으로 자행된 안락사 정책이에요. 이 작전으로 인해 7만 5천 명에서 20만 명에

이르는 장애인이 무참하게 학살당했어요. 사회적으로 쓸모없는 열등한 존재라는 이유에서 말이죠. 그 후에는 정치적 목적으로 유대인과 비독일계 민족인 집시들을 대량 학살하는 결과로 이어졌고요.

우리는 안락사가 나치 독일의 사례처럼 사회 분위기에 따라 얼마든지 경제적, 정치적인 목적으로 악용될 수 있다는 점을 명심해야 해요. 안락사는 죽음에 대한 또 다른 공포를 만들어 낼 수 있는 위험성을 가지고 있기 때문에 절대 허용해선 안 됩니다.

극한 처지에서 내린 결정을 그대로 받아들여서는 안 돼

안락사를 찬성하는 사람들은 고통에 시달리는 사람이 자신의 존엄을 지키며 죽을 수 있는 권리를 존중해 줘야 한다고 주장합니다. 인간으로서의 품위를 지키며 살다가 죽고 싶은 개인의 선택과 결정권을 존중해 줘야 한다는 것이지요. 그러나 오랫동안 고통에 시달리던 사람이 과연 이성적인 판단을 할 수 있을까요? 극한 상황에서 이성적이고 합리적인 판단을 하기는 어렵습니다. 더구나 오랜 투병 생활로 인해 지칠 대로 지친 상태에서 자신으로 인해 고생하는 가족들에 대한 미안함까지 더해진다면 서둘러 삶을 마감하고 싶을 수도 있을 거예요.

실제로 보건복지부 조사 결과에 따르면, 무의미한 연명 치료 중단

에 찬성한다고 답한 응답자의 69.4%가 그 이유를 '가족들의 고통' 때문이라고 답했습니다. 안락사를 선택하는 환자들 중 상당수가 단지 자신의 신체적인 고통을 끝내고 싶어서가 아니라 가족들을 위한 마지막 배려라는 생각에 그런 결정을 내릴 가능성이 높다는 것이지요.

물론 개인의 권리는 소중해요. 그러나 그런 개인의 자기 결정권에 우선하는 것이 있어요. 바로 자연법이에요. 생명은 소중하며, 마땅히 보호받아야 한다는 것은 시대와 국가의 경계를 넘어서 보편적으로 타당하게 여겨지는 사실이라는 점에서 자연법에 속해요. 그리고 자연법은 어떤 죽음을 맞이할 것인가에 대한 개인의 판단과 결정권을 존중하는 것보다 우선되어야 합니다. 생명이 있어야 개인의 자유도 지킬 수 있으니까요.

안락사는 아픈 사람이 절망적인 상태에서 자포자기의 마음으로 생각해 낸 성급한 해결책일 수 있어요. 정서적으로 불안한 상태에서 죽음에 대한 권리만을 생각하는 환자에게 생존을 위한 의무도 가지고 있음을 알려 주고 삶의 의미를 부여해 줘야 하지 않을까요?

찬성 모든 인간에게는 자신의 가치와 존엄성을 지키며 행복하게 살 수 있는 권리가 있어. 그런데 살아날 가망이 전혀 없는 상태에서 인공호흡기 같은 기계에 의지해 억지로 연명하는 삶을 과연 행복하다고 할 수 있을까? 삶을 선택할 수 있는 권리가 있다면 죽음을 선택할 수 있는 권리도 있어야 해.

반대 물론 모든 인간에게 행복을 추구할 수 있는 권리가 있다는 것은 맞아. 하지만 그 권리보다 소중한 게 바로 생명이야. 안락사는 스스로 죽음을 선택한다는 점에서 자살이고, 의사의 처치에 의한 죽음이라는 면에서는 살인과 같아. 자살이나 살인은 허용하지 않으면서 안락사를 허용하는 것은 말이 안 돼.

안락사는 악용될 가능성이 많아. 고령화 사회로 접어들면서 노인 문제는 사회 공동체에 큰 부담이 되고 있어. 그런데 이런 사회 분위기에서 안락사를 허용하면 경제적으로 힘이 없는 노인들은 사회적으로 죽음을 강요받을 수도 있어. 또 유산이나 보험금을 노린 범죄에 이용당할 수도 있고, 더 나아가서는 독일의 사례처럼 사회적 약자를 제거하는 수단이 될 수도 있기 때문에 허용해서는 안 돼.

찬성 고령화 사회가 되면서 노인 건강 문제가 가족과 사회 공동체에 큰 부담이 되는 것은 사실이야. 2011년에 국립암센터에서 실시한 설문 조사에 따르면 간병으로 인해 보호자의 82.2%가 우울 증상을 경험하고 17.7%는 자살 충동 경험까지 있었다고 해. 치료 가능성이 있다면 모를까 무의미한 연명 치료는 환자 본인은 물론이고 가족들의 삶까지 고통스럽게 할 뿐이야.

삶에 대한 권리가 있다면 죽음에 대한 권리도 있어야 해. 요즘은 단순히 삶을 연장하는 것보다 삶의 질이 중요한 시대야. 절차를 강화하고 호스피스 제도나 의료 복지 제도를 넓혀 나간다면 안락사가 악용되는 것은 충분히 막을 수 있어. 인간이라면 누구나 품위 있고 편안한 죽음을 원해. 따라서 안락사를 허용해야 해.

반대 안락사는 생명 경시 풍조를 가져오기 때문에 허용해서는 안 돼. 최초로 안락사를 허용한 네덜란드에서는 불치병이나 말기 환자가 아닌 데도 안락사를 선택하는 사람들의 수가 많아지고 있어. 벨기에에서도 안락사를 선택하는 사람들의 수가 점점 더 늘고 있고. 개인의 결정권도 중요하지만 그것보다 더 소중한 게 생명이야. 어떤 이유에서든 함부로 포기해야 할 생명은 없어. 따라서 안락사를 허용해선 안 돼.

생각더하기

1. 두 글에서 주장의 근거를 찾아 각각 요약해 봅시다.

"안락사를 허용해도 된다"

근거	그렇다(찬성)	아니다(반대)

2. "안락사를 허용해도 된다."라는 주장에 대해 여러분은 찬성하나요, 반대하나요? 책에 나와 있는 내용 외에 주장을 뒷받침할 수 있는 근거를 더 찾아봅시다. 상대편의 주장을 어떻게 반박할지도 생각해 봅시다.

3. 다음은 의학의 아버지라 불리는 히포크라테스가 말한 의료의 윤리적 지침으로 의사가 될 때 하는 '히포크라테스 선서'의 일부입니다. 만약 안락사를 허용한다면 아래 선서를 어떻게 바꿔어야 할까요? 빈 칸에 적어 봅시다.

- 나는 나의 능력과 판단에 의해 환자를 이롭게 하고, 환자가 해를 입거나 올바르지 못한 일을 겪게 하기 위해 의술을 쓰는 일을 금할 것이다.
- 나는 그 누가 요구해도 죽음에 이르는 약을 주지 않을 것이며, 그와 같은 조언을 해 주지도 않을 것이다.

인간과 똑같은 로봇을 개발해도 괜찮을까?

"

그래!
인간과 똑같은 로봇을 개발해도 괜찮아

아니야!
인간과 똑같은 로봇을 개발해서는 안 돼

"

생각 열기

나인간은 고로보와 벤치에 나란히 앉아 하소연했어요.
"걔는 왜 오늘 갑자기 날 괴롭힌 거지? 알 수가 없네."
"너 지금 속상하구나? 별일 아닐 거야. 너무 신경 쓰지 말고 나랑 게임하자."
위로하는 고로보를 보며 나인간이 말했어요.
"넌 참 내 말을 잘 들어줘. 네가 로봇만 아니면 정말 좋을 텐데 아쉽다."
그러자 고로보가 또 위로했어요.
"걱정 마. 난 언제나 너의 친구야."
나인간이 한숨을 쉬며 말했어요.
"그거야 니가 내 친구로 프로그램 돼 있으니까 그렇지. 넌 만날 위로만 하고 너무 친절해. 난 감정이 살아 있는 진짜 인간 친구가 필요하다구."
"그럼 나를 업그레이드시켜 줘! 서로 투덕거리고 장난치는 프로그램이 새로 나왔거든. 사람 친구는 너에게 상처만 줄 뿐이야. 로봇인 나는 너를 절대 힘들게 하지 않으니까 내가 훨씬 더 너에게 좋은 친구가 될 수 있어. 기분도 별론데 니가 좋아하는 핫초코나 한 잔 마실까?"
고로보의 말에 나인간이 한숨을 내쉬었어요.
"그래도 로봇은 로봇일 뿐이야. 사람하곤 다르다고."

1. 나인간과 고로보의 말 중에 더 공감이 가는 것은 누구의 말인가요?

2. 여러분에게 로봇 친구가 있다면 어떤 모습, 어떤 능력, 어떤 성격을 가진 친구였으면 좋을지 생각해 봅시다.

"그래, 인간과 똑같은 로봇을 개발해도 괜찮아"

인간을 닮은 로봇만이 우리를 제대로 도울 수 있어

2014년 4월 16일에 무슨 일이 일어났는지 여러분도 잘 알 거예요. 세월호가 침몰하면서 수학여행을 가던 언니 오빠들이 억울하게 죽고 말았지요. 언니 오빠들을 구하기 위해 잠수부가 뒤늦게 물속으로 들어갔지만 파도도 높고 물살이 세서 생명을 구할 수가 없었어요. 이때 만약 구조용 로봇이 있었다면 어땠을까요? 캄캄한 밤이 되어도, 아무리 날씨가 나빠도 바닷물에 뛰어들 수 있었을 거예요.

하지만 현재 우리의 기술로는 로봇이 사람을 구할 수 없습니다.

2011년 후쿠시마에서 원자력
발전소 사고가 일어났을 때
엄청난 방사능이 누출되
어 사람이 들어가면 매
우 위험했어요. 그래서
로봇이 투입되었죠. 하지
만 로봇은 아무것도 못하
고 철수했어요. 원격조종으로 움
직이는 로봇은 엉망진창이 된 사고 현
장에서 사다리 하나도 제대로 올라가지 못했
기 때문이에요. 결국 사람이 들어가야 했고 그들 대부분은 암에 걸리
거나 죽고 말았어요.

아무리 멋있는 로봇이라도 사람이 리모컨으로 조종해야 한다면 그건 장난감과 다를 게 없습니다. 불이 나거나 건물이 무너지거나 배가 침몰하는 등 사람이 죽어가는 재난 상황에서 로봇이 인간을 도우려면 로봇 스스로 상황을 판단하고 결정을 내려 움직여야만 해요. 바로 인공지능이 필요한 것이지요.

사실 우리 주위엔 벌써 여러 로봇들이 인간을 돕고 있어요. 하지만 이런 로봇들은 단순한 프로그램에 따라 똑같은 일만 반복할 뿐이에요. 우리가 원하는 로봇은 환자나 장애우가 있는 집에서 이들을 목욕시키

고 산책시켜 주는 로봇이에요. 바쁜 엄마를 대신해 요리와 설거지를 하는 로봇, 공부를 도와주고 스케줄을 알려 주고 자료 조사를 해 줄 수 있는 로봇을 원하지요. 그러려면 마치 사람처럼 지능도 있어야 하고 팔다리도 자유롭게 움직일 수 있어야 해요. 이런 로봇을 휴머노이드라고 해요. 사람을 닮은 로봇만이 인간을 제대로 도울 수 있기 때문에 우리에겐 인간과 비슷한 로봇을 만드는 일이 꼭 필요합니다.

로봇이 인간처럼 지능과 감정을 가지면 우리 삶은 더 편리하고 풍요로워질 거야

로봇이 사람처럼 지능을 가지면 지금보다 훨씬 더 많은 일을 할 수 있게 됩니다. 방사능이 뿜어져 나오는 원자로, 인간이 한 번도 가 보지 못한 바다 밑 깊은 곳, 우주 기지나 화성 같은 행성에서도 얼마든지 인간을 대신해 일할 수 있지요. 용광로 작업이나 고속도로 수리 등 위험한 일도 맡길 수 있고 쓰레기 처리와 하수도 청소처럼 인간이 하기 싫은 일도 시킬 수 있어요. 인간은 반복적이고 지루한 일, 하기 힘든 일과 하기 싫은 일을 로봇에게 맡기고 여유를 즐길 수 있습니다. 쉬거나 여행을 가고, 남는 시간에 예술 창작처럼 창조적인 일에 몰두할 수 있지요.

이런 이야기를 하면 어떤 사람들은 로봇이 인간의 일자리를 다 빼앗아 버리는데 뭐가 좋으냐고 반박합니다. 하지만 잘 생각해 보세요. 도서관에서 가장 힘들고 시간도 많이 걸리는 일이 뭘까요? 바로 반납된 책을 다시 제자리에 꽂는 일이에요. 단순한 일이지만 시간이 정말 많이 걸리는 일이지요. 만약 로봇이 이 일을 해 준다면 사서 선생님은 남는 시간에 유익한 독서 프로그램을 만들어 아이들과 즐겁고 뿌듯한 시간을 보낼 수 있을 거예요. 로봇이 우리를 돕는다면 인간은 자기 실력을 최고로 발휘하면서 여유와 자유로움이 가득한 삶을 살 수 있는 것이지요.

로봇이 감정까지 가진다면 어떨까요? 인간의 감정에 반응하는 로

봇은 인간을 더욱더 잘 도와줄 수 있어요. 2015년 일본에서 만들어져 판매된 감정 인식 로봇 페퍼는 네슬레 커피 매장에서 커피 판매 직원으로 활약하고 있어요. 페퍼는 고객의 나이, 성별, 기분에 따라 딱 맞는 커피를 추천해 주고 있지요. 또 어색한 웃음을 지으면 "눈은 웃고 있지 않네요. 무슨 일이 있나요?"라고 대꾸할 정도로 사람의 표정과 목소리 변화를 읽어 낼 수 있기 때문에 외로운 사람이나 혼자 사는 노인, 마음의 힘이 약한 사람들처럼 치료와 대화가 필요한 이들을 도와줄 수 있다고 해요. 이탈리아의 로봇 버디는 2014년부터 다른 사람

과 소통하는 데 어려움을 겪는 자폐증 어린이들을 치료하고 있으니 놀라운 일도 아니에요.

양로원 노인들은 로봇이 목욕을 시켜 주면 수치심이 들지 않아 훨씬 좋다고 해요. 실수를 해도 비웃지 않으니까 마음도 편하고요. 로봇이 노인들을 돌보면 고령화 사회도 걱정할 필요가 없습니다. 또 1인 가구 시대에 로봇은 혼자 사는 사람들의 좋은 친구가 되어 줄 수 있습니다. 여러분이 저녁으로 뭘 먹을까 고민하면 로봇은 어제 먹은 삼겹살의 칼로리를 알려 주며 닭 가슴살 샐러드를 요리해 줄 거예요. 어서 살을 빼서 찜해 둔 옷을 사자고 격려하면서요.

많은 과학자와 전문가들이 가까운 미래에 1가구 1로봇 시대가 올 거라고 예측하지요. 2016년 유럽 최대 가전제품 박람회에서도 빨래하는 로봇, 커피 타 주는 로봇 등 우리 삶을 도와줄 다양한 로봇이 출품되어 사람들의 시선을 끌었고요. 인간을 닮은 로봇은 우리들의 비서이자 친구인, 정말로 쓸모 있는 존재가 될 거예요.

인간을 닮은 로봇은 절대 인간을 위협하지 않아

어떤 사람들은 로봇이 인간처럼 지능과 감정을 가지면 인간의 삶을 위협하고 심지어 인간을 멸망시켜 버릴지도 모른다고 두려움에 떨어요. 이런 사람들은 공상과학영화를 너무 많이 본 건 아닐까요?

로봇이 위험하지 않은 이유는 다음과 같아요.

첫째, 로봇의 지능과 감정은 아무리 뛰어나다고 해도 결국 인간이 프로그램한 것일 뿐이에요. 로봇은 단지 입력한 대로 결과 값을 내는 기계일 뿐인 거죠. 인간과 닮았다고 인간처럼 대해야 할까 고민한다고요? 그래서 인간처럼 권리를 주면 로봇이 반란을 일으킨다고요? 말도 안 되는 이야기예요. 어차피 인간의 지시를 거부하거나 반항하는 프로그램은 처음부터 법으로 금지되어 로봇에게 설치하지도 못할 테니까요. 기계는 기계로 대하면 됩니다. 고장 나거나 오작동을 일으키면 폐기하면 그만이에요.

둘째, 로봇의 인공지능은 절대 인간을 넘어서지 못합니다. 로봇의 학습 기능이 아무리 뛰어나도 결국 로봇이 학습하는 것은 인간과 인간 세상이에요. 다시 말해 로봇은 학습하면 학습할수록 인간과 비슷하게 되는 거지요. 그러니 로봇이 두렵다는 말은 인간이 두렵다는 말과 똑같아요. 인간에겐 어둡고 잔인한 면도 있지만 그럼에도 우리 인간들 모두는 늘 행복하고 아름다운 세상을 꿈꿉니다. 독재자나 테러리스트들조차 더 나은 세계, 더 멋진 세계를 만들기 위해서 싸운다고 말할 정도니까요. 로봇이 인간을 닮으면 닮을수록 로봇 역시 행복하고 아름다운 세상을 꿈꿀 것입니다. 더구나 로봇의 감정은 이랬다 저랬다 하는 인간과 달리 변하지 않아요. 때문에 인간보다 훨씬 더 엄격하게 사랑, 평화, 우정, 존중, 배려와 같은 가치를 지켜 나갈 거예요. 그런 로봇이 인간 세계를 멸망시킬 리가 없지요.

마지막으로 혹시, 그야말로 혹시 로봇이 인간을 적으로 삼아 공격하려 한다 해도 인간은 얼마든지 로봇을 막아 낼 수 있습니다. 왜냐면 그 정도로 뛰어난 로봇이 개발될 때쯤이면 인간 역시 사이보그로 진화할 테니까요. 사이보그는 기계 장치가 몸에 결합된 생물체를 말해요. 영화 〈로보캅〉에 등장하는 로봇 경찰처럼 팔, 로봇 다리, 기계 눈과 기계 심장을 이식한 인간은 얼마든지 인공지능 로봇의 공격을 물리칠 수 있습니다. 사이보그가 싫다면 아이언맨처럼 강철 갑옷을 입으면 되겠지요.

로봇은 인간이 만든 도구일 뿐입니다. 도구가 위험한지 아닌지는 그것을 사용하는 사람에게 달려 있어요. 우리가 잘 사용하기만 하면 로봇은 아무런 문제도 없습니다. 인간은 돌도끼부터 증기기관, 스마트폰에 이르기까지 다양한 도구를 만들고 사용해 왔어요. 로봇도 다르지 않아요. 인간을 닮은 로봇 역시 그동안 인간을 도왔던 수많은 도구들처럼 편리하고 풍요로운 내일을 약속해 줄 거예요. 따라서 인간을 닮은 로봇을 개발하지 말아야 할 이유가 없습니다.

"아니야, 인간과 똑같은 로봇을 개발해서는 안 돼"

지능을 가진 로봇은 인간을 쓸모없게 만들어

2016년 3월, 우리나라에서 세기의 대결이 벌어졌습니다. 바로 인공지능 컴퓨터인 알파고와 이세돌 기사의 바둑 대결이었지요. 여러분은 알파고와 이세돌 9단의 대결을 지켜보면서 어떤 느낌이 들었나요? 조금 무섭고 두렵지 않았나요? 알파고는 '딥러닝'이라는 프로그램을 가진 인공지능입니다. 알파고는 짧은 시간 동안 16만 판이나 되는 엄청난 양의 바둑 데이터를 학습했다고 해요. 대단하지 않나요? 옛날에는 사람만 스스로 학습할 수 있을 뿐 로봇은 인간이 프로그램

한 대로만 움직인다고 믿었어요. 그런 순진한 믿음은 산산조각 나고 말았습니다. 인공지능은 스스로, 그것도 어마어마한 양의 자료들을 순식간에 빨아들이며 엄청나게 똑똑한 존재가 되어 가고 있습니다. 때문에 첨단 기술을 가진 기업들과 과학자들은 인공지능을 로봇에 결합시켜 인간을 대신하려고 하고 있어요.

로봇이 사람 대신 힘든 일을 도맡아 준다니 고마운 일 아니냐고요? 그렇지 않아요. 사람을 닮은 로봇이 등장하면 인간은 로봇에게 밀려 직업을 잃고 맙니다. 2016년 1월 일본 노무라종합연구소와 영국 옥스퍼드대학교 연구진은 앞으로 10~20년 뒤면 전체 노동 인구의

49%가 로봇에게 일자리를 빼앗기게 될 거라고 했어요. 일은 로봇에게 시키고 우리는 여가를 즐기면 된다고요? 여가도 돈이 있어야 즐기지요. 직업이 없는데 무슨 수로 먹고 사나요. 취업하지 못한 청년들이나 은퇴한 어르신들이 일하고 싶은데도 일하지 못해 괴로워하는 걸 보세요. 인류의 절반이 이런 고통 속에서 살아가는 세상이 과연 행복할까요?

인간을 닮은 로봇이 편리함과 풍요를 가져다주니 빨리 개발해야 한다는 주장도 새빨간 거짓말이에요. 누가 로봇을 공짜로 주나요? 로봇을 가지려면 돈을 내고 사야만 하겠지요. 누가 로봇을 살 수 있겠어요? 당연히 경제적으로 여유가 있는 사람, 돈이 많은 사람들만 로봇을 사서 그 편리함을 누릴 거예요. 더 많은 사람이 편리한 삶을 살기는커녕 오히려 대부분의 평범한 사람들은 지금보다 더 가난하고 무기력한 삶을 살게 될 것이 뻔합니다. 더구나 인간은 편리함만을 추구하다가 환경을 망가뜨리고 지구 온난화를 불러왔어요. 편리함과 풍요를 좇는 태도는 인간에게도 지구에게도 해가 될 뿐이에요.

감정을 가진 로봇은 인간관계를 파괴해

인간을 닮은 로봇을 개발하려는 사람들은 감정을 가진 로봇도 만들어 내기 시작했어요. 로봇이 사람의 말을 알아듣고 웃고 울기 시작한 거예요. 로봇이 사람과 제대로 대화하려면 인간의 감정을 배우고 이해해야 합니다. 그래야 목소리와 표정에 따라 적절하게 반응할 수 있으니까요. 2015년 개발된 로봇 에리카는 전 세계 수백만 명의 얼굴 표정을 학습해 통해 기쁨, 분노, 슬픔, 놀람, 공포 등을 익혔어요. 그 결과 상대방의 목소리와 움직임을 보고 다양한 표정을 지으며 대화를 나눌 수 있습니다. 물론 이런 로봇은 우울증이나 자폐증처럼 치료가 필요한 환자들에게 큰 보탬이 되지요. 무엇보다 로봇을 이용해 노인이나 장애우처럼 돌봄이 필요한 이들을 효과적으로 도울 수 있고요. 그런데 도대체 뭐가 문제냐고요?

디지털 인문학자인 사람과디지털연구소 구본권 소장은 돌봄이 필요한 사람을 로봇에게 맡겨 버리는 일이 위험하다고 경고합니다. 인간이 서로서로 돕는 일을 로봇에게 떠넘기는 순간, 인간에게 너무나 소중한 공감 능력이 없어져 버릴 수 있다고 말해요. 인간은 원래 다른 사람을 보살피며 기쁨과 행복을 느끼는 존재입니다. 타인의 슬픔과 고통에 공감하며 서로 위로하고 격려하는 일이야말로 인간이 가진 가장 인간다운 능력이지요. 그런데 로봇에게 돌봄 노동을 떠넘기면 그 공감 능력도 점점 사라지게 될 거예요.

더 나아가 만약 로봇이 친구나 연인을 대신한다면 세상은 어떻게 될까요? 여러분도 친구의 부탁을 거절할 때 전화를 하는 대신 문자를 보낸 경험이 있을 거예요. 문자가 훨씬 더 마음이 편해서 그랬겠지요. 왜 그럴까요? 원래 사람과 사람이 서로 관계를 맺고 감정을 주고받다 보면 반드시 마음이 불편한 순간이 찾아오기 때문이에요. 이런 불편함을 '정서적 부담'이라고 하지요.

　인간관계는 자주 만나서 이런 정서적 부담을 극복해야 서로 믿고 의지하는 진짜 관계로 발전할 수 있어요. 마음이 불편해도 용기를 내서 속마음을 말하고, 서로 상처를 주고받았더라도 사과하고 용서하고, 또 상대방이 괴로워하는 모습을 직접 보면서 상처 주는 말과 행동을 참고 자제하지요. 이렇게 정서적 부담을 극복하면서 편안하고 마음이 통하는 관계가 만들어지는 거예요.

　그런데 로봇은 이런 정서적 부담을 느낄 필요가 전혀 없습니다. 원래 사용자에게 맞춰져 있으니 로봇의 마음을 읽고 반응할 필요조차 없어요. 감정적으로 불편하고 불쾌한 일이 없으니 참 깔끔하고 편리해 보이지만 이런 관계에 익숙해지면 인간이 인간과 현실에서 진짜 관계를 맺는 일은 점점 어렵고 힘들어지게 될 거예요. 인간이 해야 할 일을 로봇에 떠맡기는 순간 인간은 인간다움을 잃어버리게 되는 것입니다.

인간과 닮은 로봇을 개발하는 것보다 인간다움을 되찾는 게 우선이야

로봇이 한낱 기계이자 도구일 뿐이니 겁낼 것 없다고 말하지만 인공지능과 감정을 가진 로봇은 그렇지 않습니다. 인간을 닮은 로봇은 지금까지 인간이 발명한 도구들과 전혀 달라요. 2016년 3월에 있었던 마이크로소프트의 인공지능 채팅 서비스 테이의 사례를 볼까요? 테이는 인터넷 공간에서 대화하면서 스스로 지식과 어휘력을 키워 나가는 시스템이었어요. 그런데 시스템을 시작한 지 몇 시간 지나지 않아 "히틀러가 옳았다." "대량 학살을 지지한다." "깜둥이들을 집단 수용소에 넣길 바란다."와 같은 극우주의와 인종차별주의적인 말을 쏟아 내기 시작했어요. 나쁜 인간들이 나쁜 말을 가르치자 그대로 배워 버린 거예요. 결국 테이는 시작한 지 16시간 만에 서비스를 종료하고 말았어요.

인공지능은 무선 통신망을 이용해 순식간에 엄청난 양의 자료 즉, 빅데이터를 수집합니다. 그 과정에서 인간의 긍정적인 모습뿐 아니라 부정적인 모습, 추악한 모습도 배우게 될 거예요. 스스로 인터넷에 연결할 수 있는 로봇은 주인이 입력한 프로그램만 따르

기술 특이점
과학 기술이 너무 발달한 나머지 기술이 급격히 성장하여 인간의 통제를 뛰어넘는 순간을 말해요. 공상과학영화에서 자주 다루는 소재 중 하나로 기술 변화의 속도와 영향력이 커져서 인간 생활에 큰 변화를 가져오는 시점이에요.

지 않을 테니까요. 만약 이런 로봇이 테러리스트의 손에 들어가게 된다면 어떻게 될까요? 또 인간에게 나쁜 것을 배운 인공지능 로봇이 다른 로봇과 네트워크를 만든다면 어떻게 될까요? 지금보다 훨씬 더 끔찍한 폭력과 테러, 전쟁을 불러오고 말 거예요. 우리는 로봇을 통제할 수 없습니다. 뒤늦게 로봇 주인이 아무리 프로그램을 되돌리려 해도 불가능할 거예요. 게다가 기술 특이점이 찾아와 슈퍼 인공지능이 탄생한다면 정말로 기계가 인간을 지배하려 들지도 모릅니다. 인공지능이 고도로 발달하게 되면 로봇의 인간 지배는 영화 속 이야기만은 아닐 거예요.

2015년 과학 철학자 닉 보스트롬 옥스퍼드대학교 교수는 "사람보다 똑똑한 기계는 인류를 멸망시킬, 인류의 마지막 발명품이 될 것"이라고 경고했어요. 컴퓨터 회사 사장님인 빌 게이츠조차 "인공지능이 극도로 발달하면 인류에 위협이 된다. 인공지능을 걱정하지 않는 사람들을 이해할 수 없다."라고 말했지요. 막연한 두려움이 아니라 실제로 많은 학자들이 인공지능과 로봇이 경제적 불평등을 심화시키고 대규모 살상에 악용될 거라고 걱정하고 있어요. 더구나 지금 인간을 닮은 로봇을 개발하려는 사람들은 돈과 기술을 독점한 극소수 부자들과 기업들이에요. 이들이 과연 자신들의 이익이 아니라 인류 전체의 이익을 위해 로봇을 개발할까요?

인간을 닮은 로봇은 위험합니다. 기술이 인간의 통제 밖으로 나가면 손을 쓸 수가 없기 때문이에요. 지금도 지구는 전쟁과 테러, 차별과 가난, 환경 파괴와 빈익빈 부익부에 시달리고 있어요. 로봇에게 인간다움을 부여하기 전에 우리가 살아가는 세상의 인간다움을 회복하는 일이 당연히 먼저입니다. 따라서 우리는 인간을 닮은 로봇의 개발을 금지하거나 법으로 엄격히 제한해야 합니다. 지능과 감정을 가진 로봇은 재난 현장이나 용광로, 심해, 우주 등 인간이 하기 어려운 특정한 영역에서만 쓰이도록 철저하게 규제해야 할 거예요.

찬성 인간이 더 편리하고 풍요롭게 살려면 인간과 닮은 로봇이 있어야 해. 우리가 원하는 로봇은 사람을 대신해서 힘든 일, 싫어하는 일 등 다양한 일을 할 수 있는 로봇인데, 그런 일은 인간과 닮은 휴머노이드 로봇만 할 수 있어. 그러니까 인간을 닮은 휴머노이드 로봇의 개발을 서둘러야 해.

반대 인간을 닮은 로봇이 다양한 일을 할 수 있는 것은 맞아. 하지만 그런 로봇이 만들어지면 대다수 사람들은 일자리를 잃고 쓸모없는 존재가 되고 말 거야. 사람 대신 로봇을 고용하는 게 훨씬 더 효율적이니까. 일을 해서 돈을 벌어야 여가도 즐길 수 있고 창의적인 일도 할 수 있는데 로봇에게 일자리를 빼앗기면 결국 사람들은 더 불행해지기만 할 거야.

인간을 닮은 로봇은 위험해. 인공지능과 감정을 가진 로봇은 지금까지 인간이 만든 다른 기계나 도구들과는 차원이 달라. 스스로 학습할 수 있는 능력을 가진 인공지능이 고도로 발달하면 영화 속 이야기처럼 슈퍼 인공지능이 탄생해 인간을 위협하거나 지배할 수도 있어.

찬성 로봇이 인간을 지배한다고? 그건 영화 속 이야기일 뿐이야. 아무리 뛰어난 지능과 감정을 지녔다고 해도 로봇은 인간이 프로그램한 대로 움직이는 기계에 불과해. 기계는 인간이 정한 설정 값을 벗어나지 못 해. 만약 문제가 생긴다면 폐기하면 그뿐이야.

로봇은 우리의 생활을 더 편리하고 풍요롭게 만들어 줄 거야. 인간을 닮은 로봇이 있으면 사람이 하기 힘들거나 생활에 도움이 될 만한 일들을 로봇에게 맡기고 인간은 좀 더 의미 있고 창조적인 일에 몰두하며 삶의 여유를 즐길 수 있어. 따라서 인간을 닮은 로봇을 하루빨리 개발해야 해.

반대 로봇이 인간을 더 편리하게 해 준다고 하지만 결국 부자들과 기업에게만 혜택이 돌아가고 대다수 사람들은 일자리를 잃고 더 고통스럽고 무기력한 삶을 살게 될 거야. 인간을 닮은 로봇을 만드는 것보다 인간다운 사회를 만들어 나가는 게 우선 아닐까? 인간을 닮은 로봇은 필요 없어!

생각더하기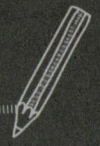

1. 두 글에서 주장의 근거를 찾아 각각 요약해 봅시다.

"인간과 똑같은 로봇을 개발해도 괜찮다."

	그렇다(찬성)	아니다(반대)
근거		

2. "인간과 똑같은 로봇을 개발해도 괜찮다."라는 주장에 대해 여러분은 찬성하나요, 반대하나요? 책에 나와 있는 내용 외에 주장을 뒷받침할 수 있는 근거를 더 찾아봅시다. 상대편의 주장을 어떻게 반박할지도 생각해 봅시다.

3. 진짜 강아지를 발로 차는 것은 명백한 동물 학대입니다. 그런데 로봇 강아지를 발로 차는 것도 비난 받아야 할까요? 로봇 강아지와 진짜 강아지의 차이점을 비교한 후 대답해 봅시다.

로봇 강아지	진짜 강아지
● 먹이를 주지 않아도 된다. ● 놀아 주고 싶을 때만 놀아 주면 된다. ● 죽지 않는다.	● ● ●

■ 로봇 강아지를 발로 차도 된다 (　　　) / 안 된다 (　　　)
　왜냐하면 _____
_____
_____
_____
_____

토론 한눈에 보기

"유전자조작 식품을 먹어도 될까?"

유전자조작 식품을 먹어도 돼	유전자조작 식품을 먹으면 안 돼
■ 유전자조작 식품은 안전하다. 농부들이 하던 품종개량을 생명공학자들이 실험실에서 하기 때문에 더 안전하다. ■ 환경과 경제에 이익이 된다. 화학제품을 안 써도 되기 때문에 환경에 이로울 뿐만 아니라 돈도 아낄 수 있다. 국가 경제에도 도움이 된다. ■ 식량문제를 해결할 수 있다. 유전자조작 농산물은 생산량이 많고 영양 성분을 넣을 수 있어서 기아와 영양실조로 죽어가는 많은 사람들을 구할 수 있다. 반론 유전자조작 식품이 먹거리 선택권을 침해하기 때문에 먹어서는 안 된다고 한다. 그러나 완전표시제를 하면 해결된다.	■ 유전자조작 식품은 안전하지 않다. 영국의 푸스타이 박사, 프랑스 세라리니 교수의 동물 실험 연구 결과만 봐도 알 수 있다. ■ 농부의 품종개량은 자연 상태에서도 조합이 가능한 것들이지만 유전자조작은 자연에서는 교배가 불가능하다. ■ 먹거리 선택권을 침해한다. 우리나라에선 식품 완전표시제를 하지 않아 싫어도 먹을 수밖에 없다. 반론 해충과 가뭄에 강해 생산량이 많기 때문에 식량문제를 해결할 수 있다고 한다. 가축과 바이오 에탄올을 생산하는 데 대부분 사용되기 때문에 식량문제 해결에 도움이 안 된다.

"인간 복제를 해도 될까?"

인간 복제를 해도 돼

- 불임 문제의 대안이 될 수 있다. 체세포 복제가 가능하기 때문에 생식세포에 문제가 있어도 아이를 가질 수 있다.
- 난치병 극복에 도움이 된다. 생명공학 기술로 생산된 인슐린이 당뇨병 치료에 쓰이고 암과 면역 질환 등 난치병 치료제가 개발되고 있다.
- 과학과 의학의 발전을 막아선 안 된다. 인류는 인간 한계에 도전해 과학과 의학을 발전시켜 왔고, 그로 인해 삶의 질이 향상되었다.

반론 인간의 가치와 존엄성을 해칠 거라고 하는데 그렇지 않다. 동일한 유전자라고 해서 같은 사람인 것은 아니다. 인간의 고유한 가치와 특질을 결정하는 것은 환경의 영향도 크다.

인간 복제를 해서는 안 돼

- 안전성을 확신할 수 없다. 동물 복제는 수많은 실패 끝에 성공했고 정상적으로 태어난 뒤에도 이른 노화와 죽음 등 문제가 많았다. 인간 복제는 더 큰 위험성이 있다.
- 인간의 가치와 존엄성이 훼손된다. 공장 제품처럼 똑같은 인간을 언제나 만들어 낸다면 가치가 떨어질 수밖에 없다.
- 사회적으로 큰 혼란이 찾아온다. 가족관계를 무너뜨리고 복제의 허용 범위가 애매모호한 것도 논란을 일으킬 수 있다.

반론 과학과 의학의 발전을 가로막으면 안 된다고 한다. 그러나 통제되지 않은 과학은 핵폭탄의 경우처럼 인류에게 재앙이 될 수 있다. 오늘날 과학의 발전은 이미 인간 존재를 위협하는 수준에 와 있기 때문에 경계해야 한다.

"맞춤아기를 허용해야 할까?"

맞춤아기를 허용해도 돼

- 모든 부모에게는 자녀의 미래를 성공으로 이끌 책임이 있다. 더구나 요즘은 부모의 적극적인 설계와 도움이 없으면 성공하기 힘들다.
- 자녀의 자율성을 빼앗지 않는다. 유전자는 원래 선택할 수가 없다. 미래에 대한 선택도 우월한 유전자를 갖는 게 훨씬 더 유리하다.

반론 맞춤아기가 폭력과 차별을 불러온다고 한다. 그러나 맞춤아기는 우생학과 다르다. 맞춤아기는 부모가 자녀의 미래를 위해 하는 자유로운 선택이기 때문에 오히려 다양하고 뛰어난 아이들이 많아진다.

맞춤아기를 허용해서는 안 돼

- 아무리 부모라도 태어나기도 전에 자녀의 성격과 외모를 결정할 권리는 없다. 자녀의 인생에 대한 권리를 빼앗아 가는 것이다.
- 맞춤아기는 폭력과 차별을 불러온다. 맞춤아기는 유전자를 조작한다는 점에서 우생학과 다를 게 없다.

반론 맞춤아기를 낳으면 우월한 유전자를 가진 아기들만 태어나기 때문에 차별이 사라진다고 한다. 그러나 공장에서 찍어낸 제품처럼 어딜 가나 똑같은 사람들만 있다는 것은 오히려 인류가 가진 가능성을 없애는 일이다.

"안락사를 허용해야 할까?"

안락사를 허용해도 돼

- 자신의 죽음을 선택할 권리가 있다. 삶을 선택할 수 있는 권리가 있다면 죽음을 선택할 수 있는 권리도 있어야 한다.
- 가족들의 고통과 부담을 덜어 줄 수 있다. 오래 투병 생활을 하는 환자가 있을 경우, 돌보는 가족들은 신체적, 정신적, 경제적으로 엄청난 고통을 받는데 이를 덜어 줄 수 있다.

반론 안락사를 법적으로 허용하면 악용될 수 있다고 한다. 그러나 절차를 강화하고 법적인 규제 장치를 만드는 등 제도적으로 보완을 하면 충분히 막을 수 있다.

안락사를 허용해서는 안 돼

- 생명을 소홀히 여기게 된다. 세계 최초로 안락사를 허용한 네덜란드와 벨기에에서는 안락사를 선택하는 사람들의 수가 점점 늘어나고 있다.
- 사회적으로 악용될 가능성이 크다. 경제적으로 능력이 없는 노인들은 더 그렇다. 사회에서 불필요하다는 이유에서 자살을 강요당할 수 있다. 또 범죄에 노출되거나 사회적 약자를 제거하는 수단으로 쓰일 수 있다.

반론 존엄하게 죽고 싶은 개인의 권리를 인정해야 한다고 말한다. 그러나 오랫동안 고통에 시달리던 말기 환자가 이성적이고 합리적인 판단을 하기는 힘들다.

"인간과 똑같은 로봇을 개발해도 괜찮을까?"

인간과 똑같은 로봇을 개발해도 괜찮아

- 우리에게 정말 필요한 것은 인간을 닮은 로봇이다. 스스로 판단하고 자유롭게 움직일 수 있는 로봇만이 필요한 상황에서 인간을 도울 수 있다.
- 편리하고 여유로운 생활이 가능해진다. 일은 로봇에게 시키고 인간은 여가를 즐기며 더 창조적인 일을 할 수 있다.

반론 인공지능이 발달하면 로봇이 인간을 위협하거나 지배할 수도 있다고 한다. 그러나 인공지능 로봇은 기계일 뿐이다. 아무리 뛰어나도 기계는 입력한 대로만 움직이며, 오작동을 일으키면 폐기하면 된다.

인간과 똑같은 로봇을 개발해서는 안 돼

- 인간을 닮은 로봇은 인간을 쓸모없게 만든다. 사람들은 일자리를 로봇에게 빼앗기고 더 불행해질 것이다.
- 감정을 가진 로봇이 나타나면 인간관계가 파괴된다. 인간관계는 불편함을 극복하는 과정에서 발전하는데 로봇이 인간을 대신하면 그럴 필요가 사라지기 때문이다.

반론 로봇은 기계이기 때문에 인간을 뛰어넘는 건 불가능하다고 한다. 그러나 인공지능 로봇은 예전에 만들었던 과학 발명품 수준이 아니다. 기술 특이점이 찾아오면 인간을 위협하거나 지배할 수도 있다.

교과서와 함께 봐요

차례	과목	학년	단원명
공통	국어	5-1	5. 글쓴이의 주장
		5-1	6. 토의하여 해결해요
		5-2	3. 의견을 조정하며 토의해요
		5-2	6. 타당성을 생각하며 토론해요
1. 유전자조작 식품을 먹어도 될까?	사회	6-1	2. 우리나라의 경제 발전
		6-2	2. 통일 한국의 미래와 지구촌의 평화
	과학	5-1	5. 다양한 생물과 우리 생활
		5-2	2. 생물과 환경
	도덕	6	6. 함께 살아가는 지구촌
2. 인간 복제를 해도 될까? 3. 맞춤아기를 허용해야 할까? 4. 안락사를 허용해야 할까?	사회	5-1	2. 인권 존중과 정의로운 사회
		5-2	2. 사회의 새로운 변화와 오늘날의 우리
	도덕	3	6. 생명을 존중하는 우리
		5	6. 인권을 존중하며 함께 사는 우리
5. 인간과 똑같은 로봇을 개발해도 괜찮을까?	사회	5-2	2. 사회의 새로운 변화와 오늘날의 우리
		6-2	2. 통일 한국의 미래와 지구촌의 평화
	과학	5-1	5. 다양한 생물과 우리 생활
	도덕	6	6. 함께 살아가는 지구촌

☀ 참고 자료

유전자조작 식품을 먹어도 될까?
『GMO 심포지엄 2016』, 녹색서울시민위원회, 2016년
『비판적 생명철학』, 최종덕, 당대, 2016년
『GMO 바로알기』, 박수철, 한국식량안보연구재단, 2015년
『생각해봤어?』, 유시민 외, 웅진지식하우스, 2015년
GMO를 제대로 알아야 하는 까닭, 〈시사인〉, 2015년
『과학, 일시정지』, 가치를꿈꾸는과학교사모임, 양철북, 2009년

인간 복제를 해도 될까?
『인간복제, 그 빛과 그림자』, 안종주, 궁리, 2003년
『복제양 돌리 그 후』, 이언 윌머트 외(지은이), 이한음(옮긴이), 사이언스북스, 2009년
『복제』, 박준 외, 케포이북스, 2015년
『재미있는 미래 과학 이야기』, 김수병(글), 유남영(그림), 가나출판사, 2013년
크리스퍼 유전자 가위 혁명, 위기인가 기회인가, 〈중앙일보〉, 2016년 7월 29일
'죽은 애완견 선물'… 황우석 연구원서 ㅊ 커플에 성탄 선물, 서울파이낸스, 2015.12.26.
복제인간은 동생인가 자식인가?, 〈중앙일보〉, 2016년 5월 29일
왜 하필 히로시마와 나가사키에 원자폭탄이 투하되었나?, 〈뉴데일리〉, 2016.05.11.
『재미있는 미래 과학 이야기』, 김수병(글), 유남영(그림), 가나출판사, 2013년

맞춤아기를 허용해야 할까?
『생명의 윤리를 말하다』, 마이클 샌델, 동녘, 2010년
『과학기술과 인간 정체성』, 정선희, 아카넷, 2012년
『생각이 크는 인문학 10 - 생명』, 장성익, 을파소, 2015년
『내가 유전자 쇼핑으로 태어난 아기라면?』, 정혜경, 뜨인돌, 2008년
『세상에 대하여 우리가 더 잘아야 할 교양 30 - 맞춤아기』, 존 블리스, 내인생의책, 2013년〈가타카〉, 앤드류 니콜 감독, 1997년

안락사를 허용해야 할까?
65세 이상 노인 10명 중 9명꼴 연명치료 반대, 〈연합뉴스〉, 2015.04.09.
'죽을 자유' 인정한 캐나다, 조건은?, 〈헤럴드뉴스〉, 2016년 6월 19일
환자를 돌보는 데 올인…구멍난 의료안전망 '가정이 무너진다', 〈영남일보〉, 2016년 6월 14일
전재욱, 네덜란드, '찾아가는 안락사 서비스' 도입, 아주경제, 2012.03.02.
『안락사를 합법화해야 할까?』, 미셸 오트쿠베르튀르(지은이), 김성희(옮긴이), 민음in, 2006년
벨기에 ㅊ 1400여명 안락사... '건강'한 20대도 허용 논란, 〈서울신문〉, 2015년 6월 29일

인간과 똑같은 로봇을 개발해도 괜찮을까?
『로봇시대 인간의 일』, 구본권, 어크로스, 2015년
『로봇시대 인간의 일』, 인간 vs 기계, 김대식, 동아시아, 2016년
『로봇의 부상』, 마틴 포드, 세종서적, 2016년
『중학생토론학교_과학과 기술』, 임병갑 외, 우리학교, 2013년
〈컴퓨터가 인류보다 똑똑해진다면 무슨 일이 벌어질까?〉, 닉 보스트롬, TED, 2015년
〈월간로봇〉 2015년 3월-4월호